Troll
Le Roi

Du même auteur chez le même éditeur :

Troll, Le Roi, roman, 2005

Troll, La Reine, roman, 2005

Troll, Le Trésor, roman, 2005

JOHN VORNHOLT

LE ROI TROLL

traduit de l'américain par Désirée Szucsany

LES INTOUCHABLES

Les Éditions des Intouchables bénéficient du soutien financier de la SODEC, du Programme de crédits d'impôt du gouvernement du Québec, du PADIÉ et sont inscrites au Programme de subvention globale du Conseil des Arts du Canada.

LES ÉDITIONS DES INTOUCHABLES
2316, avenue du Mont-Royal Est
Montréal, Québec
H2H 1K8
Téléphone : (514) 526-0770
Télécopieur : (514) 529-7780
www.lesintouchables.com

DISTRIBUTION : PROLOGUE
1650, boulevard Lionel-Bertrand
Boisbriand, Québec
J7H 1N7
Téléphone : (450) 434-0306
Télécopieur : (450) 434-2627

Impression : Transcontinental
Infographie, logo et maquette de la couverture :
Benoît Desroches
Illustration de la couverture : Omar Rayyan

Dépôt légal : 2005
Bibliothèque nationale du Québec
Bibliothèque nationale du Canada

ISBN 2-89549-129-1

À Lisa

CHAPITRE PREMIER

L'ANTRE DE STYXUS REX

Boum. Les lourds pas de l'ogre résonnaient dans le tunnel sombre et boueux. La lumière de sa torche découpait sa silhouette énorme sur le mur, et le géant baissa sa tête embroussaillée pour éviter les gouttes d'eau tombant du plafond couvert de mousse. Ploc, ploc.

L'ogre était talonné par Nabo, un gnome tapageur qui s'efforçait de suivre la cadence. Sa petite lampe à huile éclairait à peine les parois crasseuses du tunnel qu'empestait l'odeur rance d'un sanglier mêlée à celle d'un chien mouillé. C'étaient des odeurs que le gnome aimait bien d'habitude, mais ce jour-là, le vieux scribe était grognon. Il détestait ça. Le maître le réclamait au beau milieu de la journée, au moment où les gens normaux devaient dormir !

Nabo aperçut un gros cafard noir en train de frétiller dans la fange. Il referma ses griffes sur la bestiole, la glissa dans sa bouche et la croqua bruyamment. Il n'en fit qu'une bouchée.

Il ne savait pas quand il aurait un vrai petit-déjeuner.

– Pourquoi le maître est-il éveillé à une heure pareille ? marmonna le gnome bossu. Si les sirènes poussent encore des cris de mort, je les précipiterai dans le Gouffre.

– Tu ne feras pas ça, dit l'ogre, horrifié à cette idée. S'agit pas des sirènes. Il a fait un bon rêve.

– Un bon rêve, murmura Nabo.

– Ciel ! Pourquoi fait-il de bons rêves dans ces bas-fonds ? N'a-t-il pas des formules pour conjurer les bons sorts ?

Chaque fois que Nabo disait le mot « bon », son visage mou se plissait et se renfrognait.

– Moi, pas savoir. Ce que Styxus Rex me demande de faire, je le fais.

Le géant grogna et il allongea le pas. Nabo dut courir pour le suivre.

C'est ainsi dans le pays de Crachoutos, pensa le gnome. *Styxus Rex sait ce qu'il veut et il obtient tout ce qu'il veut.* Tout le monde disait qu'il était un grand sorcier, mais qui pouvait affirmer en être certain ? Depuis deux cents ans, Styxus Rex était l'unique sorcier à Crachoutos. Un mystérieux empoisonnement avait emporté les autres au cours d'un banquet et le jeune malin s'était retrouvé tout seul pour prendre la relève. Maintenant

Styxus Rex était un vieux balourd couvert de verrues et, selon Nabo, il n'était qu'un magicien médiocre. Mais la ruse et la cruauté de Styxus Rex palliaient son manque de talent.

Avant même d'atteindre l'antre du sorcier, Nabo perçut une odeur particulière. C'était l'odeur des goules. Elles exhalaient des effluves pestilentiels, cela allait de soi, puisque leur chair était morte. Elles sentaient encore plus mauvais que le plus nauséabond des sangliers, et le seul moyen d'en finir était de les découper en quartiers et d'en disperser les morceaux. Nabo entendit le grincement d'une porte, des borborygmes et des gargouillements, et il comprit que le pire l'attendait. Il s'agissait du général Bavant en personne.

Son gros nez frémit et ses oreilles pointues se recroquevillèrent. Voir le général Bavant donnait la chair de poule même à un gnome comme lui, habitué à vivre sous la terre.

Il se précipita derrière l'ogre et, parvenu au tournant, il aperçut une lueur au loin. L'ogre hirsute s'inclina devant une silhouette voilée qui masquait la lumière dans l'entrebâillement de la porte. L'ogre tendit le doigt vers Nabo et, toujours incliné, il recula.

Le sinistre personnage émit un drôle de craquement et toisa Nabo. Le petit gnome résista à l'envie de reculer, car la goule était pénible à regarder avec son visage pourri, ses yeux jaunes et chassieux. Son nom lui allait à merveille : la bave s'écoulait de ses lèvres flasques, dissimulant à peine ses dents pointues.

Nabo esquissa une grimace quand une goutte tomba sur la pointe de ses chausses. Il essuya l'insulte. Un sourire se dessinait sur la bouche décharnée de la goule. Elle chuchota de sa voix rauque :

– Le maître a demandé à nous voir tous les deux, rien que nous deux. Qu'est-ce qui t'a retenu si longtemps ?

– Je dormais, grommela Nabo. Que puis-je faire d'autre au beau milieu de la journée ?

Des coups retentirent à l'intérieur et firent sursauter Nabo. Le sorcier martelait le sol de son domicile à coups de canne. « Amenez-vous ! » dit la voix âgée.

Nabo sentit ses jambes se détendre d'un coup sec et il faillit devancer la goule. Il modéra l'allure de ses pas et laissa le général Bavant passer le premier avec sa longue cape tourbillonnant derrière lui. Nabo évita de glisser dans la flaque de bave à ses pieds.

L'antre du sorcier ressemblait davantage à un laboratoire qu'à une chambre. Il y avait des tables encombrées de fioles et de vases à bec rangés sur des supports en métal, remplis de tentacules entortillés baignant dans un liquide couleur d'encre. Les fioles étaient chauffées par de petites lampes à huile et le liquide bouillonnait, projetant d'horribles vapeurs dans l'air déjà vicié. Des trucs étranges pendaient au plafond, et la grande goule dut se pencher pour éviter une seiche gonflée et une tête rapetissée.

Des étagères bancales couvraient les murs, abritant un grand nombre de jarres. Ces dernières contenaient des herbes, des racines, des graines et des tritons macérant dans le vinaigre. Un rideau rouge dissimulait un trou dans le mur du fond, orné de symboles et de caractères runiques. Nabo ignorait complètement le sens de ces symboles, mais il savait que le rideau cachait la loge de Styxus Rex, un endroit où le gnome n'osait jamais pénétrer.

Dans un coin reculé de la pièce, le grand sorcier était assis sur un tabouret près de la table couverte d'immondices. Sa table de conspiration, comme il l'appelait. La lumière vacillante de la lampe creusait ses traits émaciés, soulignant son air cadavérique, et d'épais sourcils couvraient ses yeux. Des touffes de poils émergeaient des verrues qui parsemaient son long visage maigre. Malgré ce détail, son crâne tavelé était chauve. Les gens disaient souvent que les traits de Styxus Rex rappelaient ceux d'un troll. En fait, il ressemblait à un troll, mais personne n'aurait osé l'affirmer devant lui.

Cent cinquante ans plus tôt, le sorcier avait été sans doute un beau jeune homme, mais il était devenu vieux et sournois. Styxus Rex était le seul survivant de sa race et il inspirait la crainte, voire la terreur, parmi les gens de Crachoutos.

Nabo étudia le costume du sorcier ; son regard scruta ses bottes de cheval incrustées de symboles runiques en argent, son pantalon en soie rouge et sa tunique jaune. Sa tenue était complétée par une cape noire doublée de soie rouge feu. Il leva la tête, découvrant sa mâchoire proéminente couverte de verrues et ses yeux rougis où brillait la folie.

– Bienvenue, dit Styxus Rex en affectant un air chaleureux tout à fait inhabituel. Vous avez bonne mine, général Bavant. Mince comme un fil. Bonjour, Nabo. Désolé de vous avoir réveillé. Sortez le livre.

Nabo se demandait pourquoi il devait écrire tout cela, puisque Styxus Rex et lui-même étaient les seuls gens de la région sachant lire. S'il s'agissait d'un événement important, tous s'en souviendraient. Néanmoins, le gnome bossu sortit son livre, trempa sa plume dans l'encrier et inscrivit la phase de la lune.

Le sorcier balaya l'air d'un grand geste.

– Avant de m'endormir, j'ai eu un heureux présage. Je suis certain qu'il se réalisera, parce que je ne rêve jamais rien de bon. J'ai rêvé qu'un chef puissant voyait le jour à Crachoutos et qu'il était acclamé de tous. J'ai vu son couronnement au cours d'une cérémonie célébrant sa gloire… Je me trouvais à une grande distance, comme un oiseau qui plane. Bien sûr, je peux voler, ajouta-t-il aussitôt, mais pas aussi haut que dans ma vision. J'ai suivi une file de voyageurs et j'ai plané au-dessus du Gouffre. Un grand pont tout neuf brillait de tous ses feux, reliant nos terres à celles de Crachoutos, et une foule de pèlerins le traversaient dans tous les sens.

Il leva un doigt crochu d'un air triomphal.

– Dès cet instant, j'ai compris ce qui s'était passé. Moi, Styxus Rex, le bien-aimé, j'avais construit ce pont au-dessus du Gouffre !

Nabo s'étouffa.

– Construire un pont au-dessus du Gouffre ? Vous ? Maître, il s'agissait d'un rêve symbolique. Vous avez souvent des rêves… euh… que nous devons interpréter. Par ailleurs, vous êtes déjà le despote de Crachoutos. Vos sujets tremblent en entendant votre nom et vivent dans la terreur que vous leur inspirez. Un roi ne saurait-il être plus heureux ?

Les yeux du sorcier se rétrécirent et les poils de ses verrues se hérissèrent. Il glissa de son tabouret et toisa Nabo avec dédain.

– Ils ne m'aiment pas. Je suis las de voir des pleurnichards à genoux devant moi. Pourquoi mes sujets ne me sourient-ils jamais ? Par ailleurs, railla-t-il, cette prophétie était différente. Le charme agissait, je pouvais le sentir ! J'ai vu des gens circuler sur ce pont. Savez-vous ce que ça signifie ?

Nabo hésita avant de répondre, sachant qu'il valait mieux se taire.

– Ils devront payer un droit de passage ?

– Ça aussi, mais il importe que l'on sache que Bois-Joli, le pays des elfes et des fées, fera partie de mon domaine. Mon royaume sera deux fois plus grand du jour au lendemain !

Le sorcier se frottait les mains de plaisir. À ses côtés, le général Bavant fit claquer ses lèvres, réjoui à cette idée.

– Allez-vous les attaquer ? demanda Nabo avec inquiétude. Les fées et les elfes sont des guerriers féroces. Ils nous mettront en pièces et nous donneront en pâture à leurs enfants ! Ce sont de puissants magiciens, ils nous changeront en champignons et en tas de fumier !

Le vieux sorcier ricana de plaisir et la goule émit un sifflement amusé.

– Vieux fou ! dit Styxus Rex. Croyez-vous vraiment à ces contes pour enfants ? Les habitants de Bois-Joli sont des magiciens, certes, mais pas de mon calibre. Les elfes sont de bons archers mais… ah, laissons tomber. Pour l'instant, nous avons l'intention de construire un pont amical, afin de promouvoir l'amitié.

Une grimace déforma le visage de Nabo.

– Oh, vous avez vraiment fait un bon rêve alors. Je me rappelle le jour où vous avez rêvé que vous changiez tous les papillons en chauves-souris !

Il griffonna quelques mots.

– Je n'oublierai pas de le transcrire, maître, et nous pourrons ranger ce rêve avec les autres dans les archives.

– Tu n'as pas écouté ce que j'ai dit, lança Styxus Rex d'une voix glaciale. Je veux construire ce pont au-dessus du Gouffre. Nous allons sortir de ce trou, visiter mes loyaux sujets et solliciter leur appui. Emportez tout ce qu'il y a ici parce que nous demeurerons hors de terre tout le temps qu'il faudra pour construire ce pont.

Le gnome avala sa salive. Ça allait vraiment mal. Le sorcier était sérieux.

– Et si cette aventure tourne mal, êtes-vous prêt à guerroyer contre les elfes et les fées ?

– Qui a parlé de guerre ? demanda le sorcier d'un air magnanime. Je n'ai pas vu de bataille dans ce rêve et il existe d'autres moyens pour subjuguer nos ennemis. N'est-ce pas, général Bavant ?

La goule répliqua en gargouillant :

– J'en connais plusieurs.

Les yeux rouges du sorcier regardèrent au loin comme s'ils pouvaient voir au-delà des parois terreuses.

– Ce pont révélera peut-être le mystère du Gouffre. Nos plus anciennes légendes racontent qu'il fut un temps où Crachoutos et le Bois-Joli étaient unis et où il n'existait pas de précipice entre les deux terres. Qui a dressé cette barrière ? Ou quoi ?

Nabo s'agita nerveusement.

– Ces mystères ne doivent pas être dévoilés, Sa Sorcellerie !

– Ça ne fait rien. Je serai celui qui unira les deux terres pour former un nouveau royaume, le mien !

Styxus Rex se tourna vers le général et agita le doigt.

– Bavant, veuillez seller Vieux Rot.

La goule blêmit subitement.

– Vieux Rot ? demanda-t-elle en tremblant.

– Oui, allez, dépêchez-vous ! rugit le grand sorcier en se levant.

Il arrangea les plis de sa cape et, d'un geste royal, il tendit les bras au-dessus de la tête de Nabo.

– Mes sujets m'attendent. Ainsi que mon destin !

CHAPITRE DEUX

TROLLVILLE

Les gens se demandaient depuis longtemps pourquoi les trolls vivaient sous les ponts. Dans le Morne Marais, ils n'avaient pas d'autre endroit où se loger. Tout le village était envahi par des ponts emprisonnés dans un réseau de lianes. Le paysage bosselé était encombré de vieux ponts effondrés. Avec le temps, la boue, les racines et les lianes avaient tout recouvert, donnant au décor un aspect de désolation.

La population de Crachoutos était composée d'ogres, de gnomes et de goules qui vivaient sous la terre et ne sortaient que la nuit. Les trolls avaient de la peine à mener une vie normale. Ils travaillaient jour après jour et accomplissaient des tâches que personne ne voulait faire. Au mieux, ils édifiaient de pauvres masures dans les remblais entre les ponts, un lieu toujours froid et humide.

De plus, l'eau trouble du marais s'étendait jusqu'à leurs seuils. Le marais n'était pas profond, sauf ici et là, mais les crocodiles et les poulpes n'avaient pas besoin de plus pour y proliférer.

Rollo, un jeune troll, tremblait de peur en songeant aux dangers qui se cachaient sous ses pieds et qui planaient au-dessus de sa tête. Il faisait semblant de dormir, mais les images défilaient dans son esprit, tandis qu'il réfléchissait à ce qu'il pourrait bien faire à la pointe du jour. Respirer les fleurs, chasser les libellules ou faire la sieste dans un petit coin chaud et sec !

Le troll se retourna sur sa couche. Il avait quatorze ans et il était costaud. Il lui fallait trouver une nouvelle tanière ou quitter les lieux. Au risque de heurter ses parents, il pensait à s'engager comme volontaire et à travailler à la surface de la terre. Ce serait moins ennuyeux que d'apprendre à construire un pont.

– Ces règlements stupides sont d'un tel ennui, bougonnait l'adolescent. Je devrais peut-être sortir et dormir sur le pont même si c'est interdit.

Mais il était tourmenté.

– Et si je croise une chèvre enragée ?

Au fond, Rollo craignait surtout de tomber sur une patrouille d'ogres, tout en espérant pouvoir les éviter. Si les ogres vous surprenaient en train de courir en plein jour, vous aviez intérêt à avoir une bonne raison de vous trouver là. Les trolls travaillaient durant le jour sous la surveillance des ogres et des goules. Oui, sortir seul en plein jour était de la folie.

Pourquoi les goules et les ogres nous maltraitent-ils? se demandait Rollo. *Les trolls ne sont pas aussi répugnants que les ogres, ni aussi hideux que les goules, mais nous sommes suffisamment laids. Nous sommes velus, nous avons un long pif, une grosse bedaine et des petites guibolles. Que veulent-ils de plus?*

Rollo n'était pas du genre gros poilu et petites guibolles comme la plupart des trolls. Il était costaud et avait un visage ingrat. Les trolls avaient des avant-bras forts et de maigres biceps, alors que les bras de Rollo étaient gros comme des troncs d'arbres. Si on n'était pas un troll, on pouvait dire qu'il était le plus beau de la bande.

Poussé par la rage, Rollo rampa hors de sa tanière en veillant à ne pas laisser la trace de ses griffes sur le matelas de paille. L'entrée de la cave était étroitement fermée, mais un rai de lumière filtrait à travers les lattes de bois. Il pouvait fuir cette horrible demeure, creusée dans un tas de débris. Ça sentait le moisi, la fourrure mouillée et la bave de limace.

Il y avait un foyer au centre de la pièce où brillaient encore des tisons de braise. Des racines d'arbres et de lierre perçaient les murs de terre. Le lierre supportait des vêtements, des gamelles et un immense portrait de Styxus Rex. C'était le plus gros objet de la maison.

Le troll s'arrêta devant le seau et regarda s'il restait une de ces succulentes vermines servies au repas de la veille. Ils avaient tout mangé. Ils manquaient toujours de bouffe, lui semblait-il.

Rollo entendait les ronflements de ses parents et de sa sœur aînée, Pouillane. Ils étaient lovés dans leur tanière, leurs corps velus pelotonnés dans l'obscurité. En silence, il enfila son pantalon et, sur la pointe des pieds, il se dirigea vers les rayons de lumière.

Le plus difficile était d'ouvrir la porte sans faire de bruit. Rollo avait trouvé la solution en huilant les gonds et le verrou avec de la bave de limace. Le verrou glissa mollement, comme de la tarte aux sangsues au fond de la gorge. Les charnières grincèrent un peu. Il devait masquer la lumière en ouvrant la porte. Heureusement, le jeune troll était de carrure assez large pour bloquer presque toute l'entrée. Un bras au-dessus de la tête, Rollo s'arc-bouta sur le cadre de la porte et se glissa à l'extérieur.

Le gros troll referma soigneusement la porte et huma l'air chaud et ensoleillé. Les miasmes du marais lui brûlèrent les poils du nez et il éternua. Il lorgnait le soleil et le ciel bleu en se disant : *Ah, comme il est bon d'être debout à midi !*

Ébloui par le soleil, le jeune troll glissa et faillit débouler jusqu'à la rive boueuse. Il attrapa une liane et seuls ses pieds s'enfoncèrent dans l'eau saumâtre. Il les retira en faisant un bruit de succion. L'eau était sombre et épaisse comme du sirop d'écorce sauf aux endroits couverts d'une écume verte.

Quelque chose glissa dans l'onde et un bout d'écaille fendit l'eau. Rollo se redressa aussitôt et gravit précipitamment les marches creusées dans les racines. L'arbre était mince comme un chicot, mais sans doute avait-il été immense déjà. Plus le soleil montait haut, plus il chauffait le dos velu de Rollo. Des insectes bourdonnaient autour de sa tête ; il les chassa du revers de la main. Il atteignit enfin les piliers qui supportaient le pont du sud. Il épiait prudemment au-dessus de la souche. Les ponts suspendus s'étendaient dans toutes les directions, d'une colline à l'autre. Des arbres noueux, des chariots et des étals vides étaient dispersés dans le paysage vallonné. Au loin se dressaient les cimes brumeuses de la Forêt Oubliée et, à l'est, les pics enneigés des monts Mal-au-Poing.

L'étrange enchevêtrement de branches et de lianes constituait Trollville où vivait Rollo depuis toujours. Tout semblait paisible. Il n'y avait personne à l'horizon et le soleil brillait. C'était presque magique.

Les trolls étaient pauvres et ils travaillaient dur pour maintenir leurs ponts en bon état. C'était important car, sous les lianes sinueuses, il n'y avait que le sombre cloaque et son odeur nauséabonde. C'est ce que racontaient les trolls qui tombaient dans le marécage et qui parvenaient à en réchapper. Quant aux autres, ils étaient engloutis sans laisser de trace. L'eau épaisse bouillonnait de façon menaçante.

Rollo avança prudemment le long des vignes et atteignit le pont du sud. Où aller ? La butte où vivait sa famille supportait trois ponts qui se dirigeaient respectivement vers le nord-ouest, le sud et le nord-est. S'il voulait emprunter une autre direction, il devait d'abord trouver une autre butte.

Puisqu'il était déjà sur le pont du sud, Rollo décida d'aller dans ce sens. Il marcha à pas feutrés sur les planches instables. Parmi les trolls, certains avaient le sommeil léger et la réputation de déranger les étrangers qui traversaient leur pont. Ils ne les molestaient pas, seulement ils se plaignaient d'avoir été réveillés.

Le bois sec craqua sous ses pas et Rollo sentit son poil se dresser sur son échine. Il se cramponna au lierre et ses yeux scrutèrent les alentours. Personne à l'horizon, le village était paisible. Le jeune troll poussa un soupir de soulagement et poursuivit son chemin.

– Je suis ici, crétin ! dit une voix.

Rollo sentit sa gorge se serrer.

La voix provenait d'en bas.

Les genoux tremblants, le gros troll se pencha. Devant la porte de son taudis, sa sœur, la grosse Pouillane, levait le poing vers lui. C'était une adolescente très à la mode, avec son gros pif, ses gros os, ses jambes maigres et son allure ingrate.

– Pourquoi rôdes-tu dehors au beau milieu de la journée ? lui demanda-t-elle.

Elle avait l'air de vouloir lui tirer les vers du nez.

– Je… heu…, bafouilla Rollo.

Il ne voulait pas lui dire la vérité. Pour ne pas la vexer, il devait inventer un bon prétexte.

– Pour tuer le temps, répondit-il. Ne fais pas de bruit, tu vas réveiller papa et maman.

Elle vérifia qu'elle avait bien fermé la porte et revint vers lui.

– Tu vas avoir des ennuis.

– Non, non… J'allais écumer le Trou.

Pouillane éclata de rire.

– Oh, je croyais que tu allais encore respirer les fleurs. Pourquoi ne le disais-tu pas ? Je vais y aller avec toi !

En un clin d'œil, elle escalada le lierre et le rejoignit sur le pont.

Rollo réprima un grognement. Il fallait aller au Trou et faire preuve de courage. Il voulait respirer les fleurs et chasser les libellules. Pas risquer sa vie. Pouillane dansait déjà sur le pont et se souciait peu d'être vue ou entendue.

– Allez ! viens ! cria-t-elle en lui faisant signe de la suivre.

Ses grosses épaules s'affaissèrent et Rollo suivit sa sœur. Sa petite aventure secrète était à l'eau ; ça devenait la sortie de sa sœur. N'était-ce pas toujours ainsi ? Évidemment, il n'aurait pas dû lui dire qu'il allait au Trou. N'importe quoi, mais pas ça.

En se déhanchant joyeusement sur les ponts suspendus, Pouillane mena son frère à travers le village endormi. Elle connaissait les meilleurs raccourcis et ils disparurent avant que les trolls engourdis de sommeil ne partent à leur recherche.

Cependant, Rollo était de plus en plus terrifié en quittant le pont tandis qu'ils entraient dans la forêt nimbée de brume. La Forêt Oubliée était la partie la plus dangereuse du Morne Marais, le pire lieu de Crachoutos. C'était une étendue déprimante de sables mouvants, d'arbres pelés couverts de mousse, et nappée d'un épais brouillard qui sentait les œufs pourris. Et il y avait des mouches. Beaucoup de mouches.

Le soleil perçait à peine la Forêt Oubliée, peu importe l'heure de la journée. Toutefois il s'y trouvait un sentier que Rollo suivit prudemment. Il pouvait entendre les sables mouvants gargouiller et bouillonner sous les feuilles mortes en bordure de la piste. Il évitait habituellement cet endroit même si de merveilleuses fleurs sauvages y poussaient. Pour une raison ou pour une autre, un crachin tenace dominait l'air dans la Forêt Oubliée. L'humidité provenait peut-être de la condensation que les vapeurs du marais formaient sur les feuilles. Les arbres étaient longs et minces et, à son passage, des lianes fouettaient Rollo au visage.

Quelque chose remua dans l'herbe et des grenouilles sautèrent près d'eux. Pouillane détendit la jambe et, d'un coup de griffe, elle harponna une grenouille. Elle l'enfonça dans sa bouche et l'avala en quelques bouchées, prenant son petit-déjeuner sans même modérer l'allure. Rollo n'avait pas très faim.

– Qu'est-ce qui ne va pas, frérot ? demanda-t-elle en se curant les dents avec le bout de sa griffe. On dirait que tu n'es plus heureux.

Le jeune troll secoua ses lourdes épaules et une branche vint lui fouetter le visage.

– Qui ne serait pas heureux avec la vie que je mène ? Quand je serai adulte, je construirai des ponts comme tout le monde dans la famille. Je pourrai aller où je veux à condition de le faire furtivement le jour. Je pourrai fréquenter mes merveilleux amis, les ogres, mes patrons.

– Hé, protesta Pouillane, nous avons de la chance de travailler sur les ponts. Aimerais-tu servir les ogres ? Ils ne sont pas généreux, je t'assure.

– D'accord, d'accord, marmonna Rollo. Tu sais tout même si tu n'as jamais vu Crachoutos.

Elle fonça sur lui et tenta de le faire tomber hors du sentier. Avec la rapidité de l'éclair, Rollo l'en empêcha. Le gros troll railla :

– Petite sœur, il y a longtemps que tu ne peux plus me renverser. N'essaie plus de faire ça à présent.

Pouillane montra ses énormes dents carrées. Il voyait bien qu'elle était décontenancée d'avoir été repoussée avec autant de facilité. Devenir grand avait ses bons côtés : on ne le pousserait plus dans les sables mouvants.

Ils arrivèrent enfin à destination. Le Trou n'était qu'une profonde crevasse dont le diamètre mesurait une vingtaine de mètres. Un gnome ingénieur avait imaginé cette solution pour drainer le marais et gagner un peu de terre. La moitié du marais seulement avait été asséchée et la crevasse était remplie d'une eau vile cachant les monstres les plus sournois de Crachoutos.

Autour du Trou poussaient de grands arbres qui tendaient leurs branches au-dessus de l'eau. Il était possible, quoique dangereux, d'en saisir une et de franchir le Trou en se balançant au bout de celle-ci. Des bêtes gluantes essayaient alors de vous happer, mais elles réagissaient habituellement une fraction de seconde trop tard…

D'après les rires qu'il entendait, Rollo devina qu'ils n'étaient pas les seuls à penser qu'il était bien plus amusant de franchir le Trou que de dormir. Ses genoux défaillirent quand ils atteignirent la rive et qu'il aperçut ceux qui se trouvaient sur les lieux. C'étaient Ridicula et ses amis.

Ridicula était le laideron de Crachoutos. Elle avait les oreilles d'un âne, la fourrure d'un yack et les yeux d'une fouine ; elle avait le même âge que Rollo et il était très épris d'elle. En fait, il ne pensait qu'à elle et, pourtant, il ne lui avait jamais dit plus de douze mots d'affilée.

Pouillane pinça Rollo et chuchota :

– Ah, je comprends maintenant pourquoi tu voulais venir ici.

Elle tourna les talons, agrippant les branches pour éprouver leur solidité.

– J'y vais la première !

Ridicula et ses amis riaient. Rollo sentit sa peau rougir six fois plutôt qu'une ; il devenait mauve. Toutefois, il s'arma de courage et salua cordialement ses amis.

– Bonjour, Ridicula, et... Histéria, Nostris et Lombrica.

La belle Ridicula sourit d'un air moqueur.

– Je ne savais pas que ce genre de truc te branchait. Euh... comment t'appelles-tu déjà ?

Peiné, il réussit à articuler :

– Je m'appelle Rollo. Nous sommes apprentis ensemble depuis deux ans.

– Oh, je vois. Et qui donc s'intéresse à ça ? dit-elle en faisant la moue.

Ses amis approuvèrent nerveusement.

– Alors, tu y vas ? Nous allons te regarder.

– Il n'aura pas le courage, dit Nostris.

Visiblement, il lisait dans ses pensées.

Rollo avala sa salive. C'était une situation terrible et pas moyen d'y échapper. La seule fois où il avait traversé le Trou, il avait été terrifié. Il était bien plus petit alors. Il contemplait l'eau opaque grouillant d'êtres invisibles et horribles.

– J'y vais ! cria sa sœur. Regardez-moi !

Rollo poussa un soupir de soulagement ; on lui accordait un bref sursis. Sa grosse sœur choisit une des lianes couvrant les branches qui se penchaient au-dessus du Trou. Les regards étaient tournés vers elle ; elle s'empara de la liane et s'élança.

En criant, Pouillane monta en flèche au-dessus de l'eau saumâtre. Au moment ultime, elle releva les jambes et baissa son arrière-train, franchissant l'étendue d'eau d'un air crâneur. Au passage, un énorme crocodile tenta de l'attraper, un tentacule fouetta l'air. Pouillane riait aux éclats.

– Attrape-la ! hurla-t-elle en lançant la liane.

Les pieds de Rollo refusaient de bouger. En fait, il se tordit le pied et faillit dégringoler. Ridicula longea la rive et parvint à saisir la liane.

– Tiens, dit-elle, avec une étincelle au fond de l'œil. Je suis certaine que tu voulais l'attraper.

Ses amis ricanèrent de joie quand elle tendit la liane à Rollo.

– Ouais, c'est très beau tout ça, murmura-t-il, mais je suis trop costaud pour faire ce genre de chose, tu sais. Nous sommes tous devenus trop gros.

– Allez ! viens ! espèce de gros lézard ! cria son adorable sœur sur l'autre rive.

Il ne pouvait se dérober. Dans leur petit village, une telle lâcheté viendrait aux oreilles de tous avant le coucher du soleil. Les trolls n'étaient pas très intelligents, disait-on, mais ils aimaient accomplir des prouesses. Rollo rassembla son courage et tira plusieurs fois sur la liane. Ça ne prouvait rien, mais il se sentit plus rassuré.

Ça sera bientôt fini, se dit-il. *T'occupe pas du Trou, essaie seulement de te maintenir hors de l'eau.*

Rollo empoigna la liane à une bonne hauteur, heureux d'avoir des doigts forts. Les jambes solidement agrippées, il tiendrait le coup plus longtemps, sans se mouiller. *Je vais planer au-dessus de l'eau !*

Rollo entendait Ridicula chuchoter avec ses amis. Il était temps de passer à l'action. En poussant un grand cri, le troll costaud s'élança de la rive.

Au début, c'était amusant ; il plana jusqu'à ce qu'il ouvrît les yeux. Il fonçait sur un crocodile aux bajoues énormes. La bête se démenait pour saisir une si belle occasion. Rollo céda à la panique et essaya de se hisser plus haut. Il oublia de relever ses pieds et glissa le long de la liane. Au lieu de survoler l'eau, il s'y enfonça jusqu'à la taille. L'élan de sa chute l'entraîna quelques pieds plus loin. Une mâchoire énorme happa son pantalon et un tentacule se noua autour de son cou. Rollo gargouilla et esquissa un geste d'impuissance avant de lâcher la liane et de disparaître dans les remous de l'eau noire.

CHAPITRE TROIS

GLOIRES DU PASSÉ

Je vais me noyer, pensait le jeune troll tandis qu'un crocodile et une pieuvre essayaient de le maintenir sous l'eau. La courte vie du jeune homme de quatorze ans défila sous ses yeux. Il n'y avait rien eu de particulier ; il avait consacré son temps à creuser la terre pour y trouver des larves. Sans parler des heures interminables passées à réparer des ponts.

Quelle vie misérable ! pensa Rollo avec tristesse. *Voilà que je vais mourir devant ma bien-aimée, Ridicula.* Cette idée lui était plus pénible que les tentacules visqueux enroulés autour de son cou et les dents acérées mordant sa pelisse.

Heureusement Rollo avait pris une profonde respiration avant de s'élancer de la rive. Il avait pressenti qu'il se retrouverait dans l'eau et il s'était préparé mentalement à affronter la situation. La panique l'avait envahi alors qu'il était suspendu à la liane, mais le jeune troll était étonnamment calme pendant que les deux monstres essayaient de mettre un terme à sa jeune vie.

Il se tortilla sous l'eau, saisit la mâchoire du crocodile et retira les dents plantées dans son dos. C'était douloureux ; un gros morceau de fourrure se déchira. Enragé, le troll extirpa la créature hors de l'eau et la projeta sur la rive. Le crocodile fut éjecté du Trou et s'écrasa contre un arbre.

Rollo en profita pour remonter à la surface et respirer. Une seconde plus tard, le poulpe resserrait son étreinte autour de son cou et tentait de l'attirer au fond des eaux putrides.

Dès qu'il se sentit entraîné vers le bas, le troll lutta de toutes ses forces. Il ne touchait pas le fond, mais il réussit cependant à battre des pieds et à remonter à la surface. En se débattant avec ses bras épais, il se propulsa hors de l'eau comme un poisson volant. Le tentacule était enroulé autour de son cou et pendait dans son dos.

Avec l'énergie d'une brute, Rollo parvint à nager plus loin pendant que la créature essayait de le ramener vers le fond. Il entendit un hurlement et aperçut Pouillane qui planait au-dessus du Trou, en se balançant au bout d'une liane. En passant au-dessus du monstre, elle le tira par le tentacule, hissant Rollo par la même occasion.

Le monstre détestait être hors de l'eau et il se débattit avec grand bruit, fouettant le visage du troll. Finalement le tentacule se détacha et Rollo retomba dans l'eau. Pouillane se cramponna à sa prise.

Heureusement, Rollo était près de la rive ; il agrippa une liane et se hissa hors de l'eau. Il entendait Ridicula et ses amis se bidonner devant le spectacle. À bout de souffle, à moitié mort, Rollo rampa hors du marais et s'effondra dans la boue.

Du coin de l'œil, il vit Pouillane frapper quelque chose contre un tronc d'arbre.

– Merci, frérot, nous mangerons du poisson au souper !

Rollo entendit des ricanements et il roula sur lui-même. Ridicula le dévisageait. Ses amis restaient à l'écart, les oreilles dressées, très attentifs.

– Ça va ? demanda Ridicula en esquissant un large sourire.

– Mouais, gargouilla-t-il, dégoulinant d'eau sale. Je crois que ça va.

Soudain une ombre apparut sur le visage de Ridicula et elle détala à toute vitesse, l'abandonnant à son sort. Ses amis hurlaient et tous grimpèrent rapidement dans les arbres.

– Ridicula ! cria-t-il faiblement, mais elle était partie.

Le regard perdu, Rollo chercha sa sœur mais Pouillane avait elle aussi disparu. Lorsqu'il entendit des craquements et des voix gutturales provenant de la forêt, il comprit pourquoi ils avaient pris la fuite.

Les ogres !

Couvert de vase, Rollo se redressa. Il glissa dans la boue et atterrit la face contre terre. Les voix se rapprochaient et le jeune troll se releva péniblement. Il fit un pas et une grosse voix cria :

– Halte !

Il se retourna. Quatre ogres géants vêtus d'uniformes noirs sortirent de la forêt. Ils étaient si gros dans leurs vêtements étriqués que leur ventre ballottait au-dessus de leur ceinture. Leurs grosses défenses se retroussèrent avec dédain ; leur groin se plissa à la vue du jeune troll.

L'un d'entre eux tourna son arbalète vers Rollo et, lorsqu'il tira, le troll crut voir un tas de guenilles s'envoler. Le paquet explosa dans les airs et un filet emprisonna ses épaules et s'enroula autour de ses jambes. Il essaya d'avancer de quelques centimètres, mais il pouvait à peine bouger les pieds. Le gros troll s'écroula sur le sol avec fracas.

Riant à gorge déployée, les ogres enjambèrent le pauvre troll et le poussèrent du bout de leurs bottes cloutées.

Il les dévisagea.

– Je ne m'enfuyais pas. Vous… vous n'aviez pas besoin de faire ça.

– Et toi ? qu'est-ce que tu fabriques ici ? tonna le plus gros des ogres.

Rollo sentit sa gorge se nouer, il ne savait que répondre. Les ogres commençaient à examiner les alentours d'un air méfiant, et l'un d'eux se dirigea vers un gros arbre au bord du trou. Il poussa quelque chose sur le sol, mais Rollo ne voyait pas bien ce que c'était à cause du filet.

– Je sais ce que faisait le troll, dit l'ogre près de l'arbre. Il tuait les crocodiles du maître ! Il espérait manger du ragoût de crocodile au petit-déjeuner !

D'un air triomphal, l'ogre leva la queue du crocodile que Rollo avait envoyé contre l'arbre. Il était mort ou assommé.

– Non, non ! protesta le troll. Nous étions… Je veux dire : j'écumais le marais et je suis tombé à l'eau. Cet animal a essayé de me dévorer !

– Voilà ce que je vous disais, il essayait d'empoisonner le crocodile ! lança un autre ogre.

Ils éclatèrent tous de rire.

Désespéré, Rollo se débattit dans le filet, tentant d'échapper à la patrouille. Le chef des ogres tira le filet d'un coup sec, ce qui eut pour effet de ramener les bras de Rollo sous son corps. Une fois de plus, il tomba la face contre terre.

– Qu'allons-nous faire de ce braconnier ? demanda le chef, le poil hérissé. Devrions-nous l'assigner à la lessive ou à la mine de soufre ?

– S'il aime autant les animaux, il devrait peut-être soigner les dragons du sorcier, dit un autre.

Rollo frissonna, même s'il n'avait jamais vu de dragon.

– Oui, il pourrait leur donner le bain et tailler leurs griffes, suggéra le troisième. Et éteindre leurs flammes à l'aube.

– Et pourquoi ne creuserait-il pas des latrines ? fit le quatrième ogre. Il a l'air suffisamment fort pour faire du gros boulot.

– Je suis trop jeune pour travailler ! protesta Rollo. Je n'ai que quatorze ans !

Cette réflexion fit surgir un sourire sur le visage chiffonné du chef et ses défenses tintèrent contre ses crocs.

– Tu n'es pas trop jeune pour courir dehors en plein jour, n'est-ce pas ? Tu voles la viande de crocodile de notre noble maître, Styxus Rex, et tu refuses de travailler pour lui ? Nous devrions te rejeter dans le Trou, ligoté tel que tu l'es.

Rollo se rappela que les ogres aimaient tous les genres de concours, particulièrement les épreuves de force. Il bafouilla :

– Si je gagne au bras de fer, me laisserez-vous partir ?

La surprise apparut sur le visage bestial de l'ogre et illumina ses yeux injectés de sang. Rollo défaillit, certain d'être aussitôt rejeté dans le Trou. Au lieu de ça, l'ogre se gratta le front et grimaça un sourire.

– Écoutez ça ! Cet horrible petit troll n'a même pas le nombril sec et il croit qu'il peut battre le capitaine au bras de fer !

Ses camarades s'esclaffèrent devant leur patron. Deux ogres soulevèrent Rollo et donnèrent un coup sec au filet, en le faisant tournoyer. Le jeune troll faillit retomber dans le Trou, mais il parvint à se redresser en regardant droit devant lui. Le gros capitaine marchait lentement vers lui.

C'est facile de jouer au bras de fer avec les autres apprentis, pensa Rollo, *mais cet ogre pèse une tonne de plus que moi. Il va me déchirer le bras !*

Rollo respira profondément, il maîtrisait l'art du bras de fer. Tout était dans le poignet. Dès que l'adversaire faiblissait, le bras pliait. Les trolls avaient de puissants avant-bras et, de plus, Rollo avait de gros biceps.

Il se redressa de toute sa taille. Le troll fut heureux de constater qu'il était un peu plus grand que l'ogre, quoique ce dernier fût plus trapu. De près, les défenses courbées de l'ogre livraient des détails intéressants : elles étaient fendillées et jaunies, couvertes d'une écume brune. L'ogre fit un clin d'œil à Rollo. Ses yeux étaient rouges et hagards.

– Tu seras libre si tu l'emportes. Et si je l'emporte, moi, qu'est-ce que je gagnerai ?

Le troll bredouilla :

– Tu gagneras un… Un crocodile !

Un crocodile s'avançait vers eux à cet instant précis. Le gros animal fouettait l'air de sa queue et mordit le derrière de l'ogre qui se trouvait le plus près de lui. Ce dernier se mit à hurler comme une sirène et lança son arbalète dans les airs. Elle atteignit une branche, se déclencha et un filet jaillit, emprisonnant deux ogres.

Le capitaine courut à la rescousse de ses camarades, pataugeant dans la boue, luttant contre le crocodile. Pendant qu'ils se débattaient, Rollo ne perdit pas de temps ; il s'enfuit dans la forêt.

Mais quelques pas plus loin, il se sentit coupable d'avoir causé du grabuge. Et s'ils avaient besoin d'aide ? Rollo s'accroupit derrière les buissons, certain de ne pas être vu.

Il était couvert de boue et se confondait avec les sous-bois touffus.

Il entendit des grognements et vit deux ogres pousser le crocodile dans le Trou. La bête se tortilla dans les airs en faisant claquer ses énormes mâchoires avant de retomber dans l'eau et de disparaître. Le troisième ogre essayait de panser le derrière de son camarade, qui n'allait pas pouvoir s'asseoir pendant un certain temps.

– Où est-il ? grogna le capitaine, fouillant la forêt comme un enragé. Où est ce misérable ?

Rollo s'accroupit dans les buissons, essayant de se faire invisible.

– Oh, il s'est échappé dès que le crocodile s'est réveillé, répondit un autre ogre. Il est probablement rendu à mi-chemin de Trollville.

– Gare à lui si je le revois, dit le capitaine de la patrouille d'une voix rageuse.

Rollo se réjouissait de ne pas avoir joué au bras de fer contre la brute.

– Retournons au camp, ordonna le chef.

– Je ne peux pas marcher ! hurlait l'ogre dont les fesses portaient des traces de morsures.

– Alors reste ici et crève, rugit le capitaine.

Avec la grâce d'un éléphant, il tourna les talons et s'enfonça dans la forêt. Ses sous-fifres lui emboîtèrent le pas. Le blessé se lamentait en se traînant derrière les autres.

Rollo chemina prudemment et arriva chez lui au milieu de l'après-midi. Évidemment, son père, sa mère et sa sœur l'attendaient dans leur petit taudis au pied du pont. De toute évidence, Pouillane avait raconté sa petite aventure en se gardant bien de mentionner le fait qu'elle l'avait poussé à survoler le Trou.

– Tu es seul ? demanda son père, Sancou.

Il paraissait surpris. Il referma rapidement la porte derrière le jeune troll et poussa le verrou. Le père de Rollo n'était pas comme les autres trolls : il était ridé et il aimait lire. Il n'avait pas la tête d'un ingénieur, mais il aidait souvent à dessiner les plans des nouveaux ponts quand les réparations ne suffisaient plus. Rollo trouvait que son père était plus intelligent que la plupart des trolls.

Rollo ressemblait à sa mère. Vulgalia mesurait une tête de plus que son père et elle était plus costaude que sa sœur.

Elle le regardait de travers et attendait sa réponse.

– Oui, je suis seul, répondit-il faiblement.

– Où étais-tu ? fit Pouillane, l'air navré. Les ogres t'ont-ils attrapé ?

– Oui, ils m'ont attrapé, dit Rollo. Je n'ai pas à te dire merci. Au lieu de t'enfuir, tu aurais pu faire quelque chose !

– Ne l'accuse pas ! lança sa mère. Comment t'es-tu échappé ?

– Un crocodile les a attaqués et ils ont oublié de me surveiller pendant un moment.

– Brave garçon ! s'exclama le père en entourant les épaules de Rollo. Nous sommes heureux que tu ailles bien, mais tu as pris un risque énorme. Ça ne serait pas bon pour notre famille si tu étais arrêté par une patrouille. Pas bon du tout. Tu devrais renoncer à ton apprentissage... Je pourrais perdre mon travail. Comprends-tu ?

D'un air contrit, Rollo acquiesça de la tête. Puis il huma l'air vicié de la petite pièce : ça sentait le poisson. Sa mère se détendit et lui sourit.

– Si personne ne t'a suivi, faisons cuire ce poisson ! dit Vulgalia en lui adressant un clin d'œil.

– Je vais chercher de l'eau ! gazouilla Pouillane en se précipitant dehors avec le seau.

– Je vais allumer le feu ! ajouta Sancou d'un air réjoui.

Après avoir mangé ce délicieux repas, gluant à souhait, la famille évoqua ses déboires avec les ogres. Chaque histoire montrait comment les ogres persécutaient les pauvres trolls. Rollo devenait de plus en plus sombre en les écoutant.

– Pourquoi sont-ils nos patrons ? demanda-t-il. Qui leur a confié ce poste ?

Il jetait des regards nerveux au portrait de Styxus Rex qui pendait à une vigne rampant sur le mur. Je vois que le sorcier est un monsieur important, mais les trolls valent bien les ogres et les goules.

– Baisse la voix, souffla Pouillane.

Elle devenait sage comme une image quand Rollo avait des ennuis.

– Les choses ont toujours été ainsi, répondit son père d'un air pensif. Il y a bien des années, les trolls avaient leur propre roi et ils étaient de grands guerriers. Tous les gens de Crachoutos les craignaient et les respectaient. On dit même que les trolls étaient des magiciens.

– C'est insensé ! dit sa mère. Si tu veux croire à ces contes de fées, ça te regarde. Mais ne remplis pas la tête des enfants avec de telles sottises.

Vulgalia saisit un bout de tentacule bien gras et l'engloutit bruyamment.

– Qu'est-il arrivé à ces trolls qu'on dit être des magiciens ? insista Rollo, fasciné par cette histoire.

Sancou haussa les épaules.

– Qu'est-ce qui arrive toujours ? Les sorciers s'unirent pour conquérir Crachoutos. Ils promirent de récompenser les ogres en échange de leur aide. Ils vainquirent les trolls et les réduisirent à l'esclavage, et nous dûmes quitter Moisis-les-Prés pour venir habiter dans ce triste marais.

Vulgalia se mit à rire.

– Quelle histoire ! Imagine ! Nous ! À Moisis-les-Prés ! Les enfants, avez-vous remarqué que votre père n'a pas la moindre preuve de cette histoire ?

Sancou pointa le doigt vers le portrait sévère de Styxus Rex.

– Vous n'avez qu'à le regarder pour voir qu'il s'agit bien d'un troll.

– Chut ! siffla Vulgalia. Le sorcier a des pouvoirs magiques. Peut-être t'entend-il ? C'est dangereux de dire ça tout haut.

– Je pense que les trolls n'ont pas toujours été aussi mal en point, insista Sancou. Si nous avions un roi, nous aurions plein de larves et de vers à manger !

Rollo et Pouillane échangèrent un regard amusé. Cette prise de bec les distrayait. Peut-être était-ce la conversation, la rigolade dans la forêt ou la bonne bouffe qui les rendaient heureux. Peu importe, le repas était fantastique et beaucoup plus drôle que les autres jours.

– Je n'aime pas toute cette agitation, dit leur mère d'un air inquiet. Mais ce poisson est vraiment bon.

Elle mastiquait joyeusement.

Tout le monde riait et Rollo poussa un soupir de soulagement, content de ne pas avoir causé d'ennuis à sa famille.

– À partir d'aujourd'hui, promit-il, plus d'agitation. Je vais poursuivre mon apprentissage et mener une vie ennuyeuse. Mes aventures sont choses du passé.

– Tu es un bon garçon, fit Vulgalia en caressant la tête noueuse du gnome.

CHAPITRE QUATRE

VIEUX ROT

Même s'il dormit à peine ce jour-là, Rollo se leva dès que le soleil fut couché. Il était même content à l'idée d'aller travailler comme apprenti sur les ponts. Ridicula ne pouvait plus l'ignorer. Quelques heures à peine s'étaient écoulées depuis qu'il lui avait parlé. Elle ne manquerait pas de l'admirer en apprenant qu'il avait échappé aux ogres.

Rollo emballa un restant de tentacule qu'il mit au fond de son sac et embrassa sa mère avant de partir. Il sifflait en marchant le long des ponts de Trollville et saluait tous ceux qu'il rencontrait. Les autres trolls étaient surpris de voir un visage heureux en ce début de soirée. Ils lui retournaient son salut en grognant.

La nuit s'étendait sur le Morne Marais, et les gardiens de phare allumèrent les lampes à huile. Les étoiles brillaient dans le ciel, l'obscurité dissimulait l'eau vaseuse, et le village devenait presque beau. Les horribles buttes formaient une oasis baignée de lumière où clignotaient des essaims de lucioles. Les étals s'animaient le long des ponts, et l'odeur de larve grillée flottait dans les airs.

Habituellement, Rollo salivait de faim devant les victuailles, mais, ce soir-là, il était rassasié. Et il avait un délicieux casse-croûte dans son sac à dos. Bien qu'il fût encore sous le coup de l'émotion de son aventure, il était résolu à devenir un troll sage et à s'atteler à la besogne.

Il arriva bientôt à l'orée du bois, la partie la plus miteuse, située au nord du village. Sous les ponts vétustes, il ne vit aucun marchand de bouffe. Peu de trolls habitaient dans ces lieux et c'était un endroit idéal pour initier les apprentis à leur travail. S'ils manquaient leur coup, personne d'important ne tomberait dans le marais. En s'approchant du chantier, Rollo peigna ses sourcils embroussaillés et lissa le duvet qui couvrait ses oreilles. Il voulait paraître à son avantage devant Ridicula même s'il n'était pas aussi velu que la plupart des trolls. Il lui raconterait qu'il avait combattu les ogres à mains nues. Qui pourrait le contredire ?

Il aperçut d'abord Kronck, le maître artisan du pont. C'était un vieux troll avec de gros sourcils et des touffes de cheveux blancs parsemant sa tête noueuse. Il parlait d'une voix pâteuse comme si sa gorge était remplie de vase. Sous sa férule, les apprentis travaillaient dur ; c'était la seule façon d'apprendre, selon la philosophie de Kronck.

– Rollo, grogna Kronck, tu arrives tôt ce soir. As-tu envie de travailler ?

– En effet, je me sens d'attaque, répondit Rollo.

Il scruta les alentours et aperçut trois apprentis. Ridicula n'était pas parmi eux.

– Commence par attacher ces planches.

Le vieux troll désignait une pile de bois et un rouleau de corde. Si tu as besoin de les forer, donne-les à Mollon.

Forer le bois semblait plus amusant, mais Rollo ne protesta pas. La nuit était magnifique, les étoiles brillaient dans le ciel, et les lucioles dansaient dans l'obscurité.

– Bien, maître ! dit-il en s'inclinant.

Le vieux troll le regarda de travers.

– Quelle sorte de vers as-tu mangés ?

– Je n'ai pas mangé de vers, j'ai mangé…

Il ne put terminer sa phrase. Un hurlement se fit entendre, puis des cris. Cela venait du nord. Rollo et Kronck se retournèrent et virent une douzaine de trolls traverser le pont au pas de charge, fonçant droit sur eux. Les vieilles planches craquaient sous leurs pieds et les deux trolls durent s'écarter de leur chemin.

– Êtes-vous devenus fous ? leur demanda Kronck quand ils passèrent devant eux.

– Il arrive ! Il arrive ! bafouilla un troll couvert de sirop.

Il s'agissait sans doute d'un des ouvriers qui récoltaient la sève dans la Forêt Oubliée.

– Qui arrive ? insista Kronck en arrêtant une troll.

La pauvre créature était complètement effarouchée.

– Le… le sorcier… Styxus Rex ! hurla-t-elle.

Le vieux troll blêmit et ses sourcils se relevèrent sur son vieux front ridé.

Rollo n'en croyait pas ses oreilles.

– Ici ? s'exclama-t-il. Le sorcier vient ici, dans le Morne Marais ?

– Laissez-moi partir ! cria la troll, terrifiée. Il va nous changer en champignons et en tas de fumier !

Elle se dégagea de l'emprise de Kronck et rejoignit les autres dans la mêlée.

Rollo s'esclaffa.

– Tout le monde sait que ce sont les fées qui changent les gens en champignons ou en tas de fumier. Si Styxus Rex doit passer par ici, c'est qu'il se rend sans doute ailleurs…

– Il n'y a rien ailleurs, marmonna Kronck. C'est la grosse légume de Crachoutos. Il ne vient pas ici sans raison. Et s'il vient ici, il devra traverser le pont.

Le vieil artisan détala aussitôt comme une boule de feu. Il courait dans tous les sens.

– Mollon, il faut consolider la travée ! Rollo, redresse-moi ces fermes ! Bedono, remblaie le garde-fou. Groguy, regarde s'il y a des planches pourries ! Ridicula, vérifie les câbles de soutien !

Ridicula ! Est-elle ici ? Rollo regardait dans toutes les directions, cherchant sa bien-aimée. Il l'aperçut enfin sur la butte du fond, en train de déposer son sac à dos. Elle lui adressa un bref sourire avant de ramasser un rouleau de corde, et le cœur du jeune troll bondit jusqu'aux étoiles.

– Rollo ! les fermes ! dit Kronck en le frappant sur sa grosse épaule.

– Bien, maître !

Mais rien ne m'empêche, pensait-il, *de travailler près de Ridicula.*

Il souleva une pile d'outils et se dépêcha d'aller la rejoindre à l'extrémité du pont où la troll potelée se préparait lentement au travail.

– Qu'est-ce qui presse autant ? chuchota-t-elle en ajustant sa ceinture à outils autour de sa taille.

– Des ouvriers complètement dingues prétendent que Styxus Rex arrive ici, répondit Rollo, tout essoufflé.

Elle fronça son magnifique visage si merveilleusement laid.

– D'accord. Et moi je suis la reine de Moisis-les-Prés. As-tu eu des ennuis, hier ? Moi, j'ai dérouillé !

Rollo oublia tout ce qu'il voulait lui raconter.

– Non, je… je me suis échappé. Que t'est-il arrivé ?

– Mes parents m'ont attrapée. Je leur ai raconté que tu étais tombé dans le Trou et que les ogres t'avaient épinglé, alors ça ne semblait pas trop grave. Mais je ne dois plus jamais te revoir.

– Oh, murmura Rollo d'un air triste. Nous n'avions jamais vraiment parlé avant…

Ridicula haussa les épaules.

– Alors, ça ne change pas grand-chose.

– Rollo ! occupe-toi de ces fermes ! ronchonnait Kronck.

– Oui… oui, maître ! dit-il d'un air absent en ramassant les outils et les lattes de bois avant de se remettre à la tâche, l'air misérable.

Rollo travaillait comme un acharné et il ne voyait pas le temps passer, entendant à peine les gens crier et courir. Quand il leva la tête vers l'horizon, un cortège se dessinait dans l'obscurité. Cela ressemblait à un cortège, à moins que ce ne fût tous les habitants de la ville en exode.

Une douzaine de lampes brillaient, suspendues au bout de longues perches, des bannières rouges et noires flottaient au vent et une file de chariots et de cavaliers s'étirait à perte de vue. Au centre, un énorme radeau flottait au gré de l'onde.

Les marcheurs eurent l'heureuse idée de ne pas aborder les ponts branlants de Trollville au pas de course. Ils avançaient lentement, la foule s'éparpillant sur plusieurs ponts. La procession était impressionnante et digne d'un roi, malgré sa lourdeur.

Quelques trolls un peu plus braves se rassemblèrent, attirés par le cortège rutilant. En état de transe, ils déambulaient devant les travailleurs, la curiosité l'emportant sur la peur. Rollo partageait leur sentiment.

Kronck, leur maître, se mit à courir comme un fou, jetant les câbles et les planches dans le marais.

– Tout le monde descend ! ordonna-t-il. Je ne veux voir personne sur le pont quand il s'effondrera !

Rollo comprit le signal. Il était libre pour le reste de la nuit. Il chercha Ridicula, mais elle avait filé dans l'autre sens, loin du sorcier. Le jeune troll rejoignit la bande de trouillards qui prenaient leur temps pour aller à la rencontre du maître de Crachoutos.

– Est-ce vraiment lui ? chuchotaient-ils.

Et soudain, quelqu'un demanda :

– Pourquoi vient-il ici ?

– Qui sait ? murmura un vieux troll. Il ne pouvait nous envoyer dans un endroit pire que celui-ci.

Rollo se faufilait avec les autres quand il sentit une griffe se poser sur son épaule. Il se retourna ; c'était sa sœur, Pouillane. Bien sûr, elle était assez téméraire pour affronter le sorcier.

– Hé, frérot, as-tu laissé tomber le travail, toi aussi ?

Il acquiesça de la tête.

– C'est formidable, hein ?

Toutefois, il ne trouvait pas formidable du tout qu'on interdise à Ridicula de lui parler.

Soudain, le plus énorme rot jamais entendu surgit dans la nuit. Cet énorme rot fit dresser les poils de la nuque de Rollo, et ses paupières se plissèrent. Une odeur nauséabonde se répandit partout, effaçant les odeurs les plus viles de tout le marais.

– Pouah ! fit la foule en chœur. Qu'est-ce que c'est que ça ?

Quelques trolls sourirent, heureux de respirer l'horrible odeur. Mais la plupart se retournèrent et coururent dans la direction opposée. Heureusement, Rollo était grand et il était près d'une butte. Il attrapa sa sœur et la hissa plus haut. Ils tentaient de ne pas se faire piétiner dans la cohue.

Debout sur la pointe des pieds, Rollo vit les goules à cheval formant le début du cortège. Le martèlement des sabots et le craquement des ponts semaient la peur. *Mais ce n'est pas une goule qui a lâché ce gros rot,* pensa Rollo.

À force de regarder, il découvrit ce dont il s'agissait. Une silhouette sombre était accroupie dans la lumière vacillante. Un maigre personnage chevauchait la créature, lui donnant un aspect plus gros que nature. D'autres gens s'affairaient autour du monstre, tentaient de le pousser, mais il refusait d'avancer.

– Qu'est-ce que c'est ? demanda Pouillane.

– Ça ressemble à… à un crapaud géant.

Rollo regardait au loin, essayant de deviner ce que ça pouvait être.

– Il mesure environ cinq mètres de large et trois mètres de haut. Il est gros comme un tas de fumier. Ils essaient de le déplacer, mais il ne bouge pas.

– Brave crapaud, dit Pouillane. Ces ponts ne sont pas construits pour supporter des créatures de cette taille.

– Hé, dis-moi, penses-tu qu'il puisse manger des trolls ?

– Je pense qu'il mange ce qu'il veut, répondit Rollo.

Soudain, la goule en tête du cortège fonça sur eux, chevauchant un cheval noir qui soufflait de la fumée par ses naseaux. La goule avait les traits cadavéreux, le teint pourri et ses yeux jaunes brillaient au fond de ses orbites. À la voir, il était difficile de comprendre que les trolls fussent au bas de l'échelle et non les goules. Celle-ci était habillée d'une longue cape et d'un uniforme brillant cousu de fils d'or.

Elle postillonnait au visage de Rollo.

– Vous, les trolls, en avant, approchez-vous du maître ! Les autres, allez chercher tous ceux qui sont au village. Tous les trolls doivent entendre les paroles de Styxus Rex !

La goule déroula un long fouet.

– Plus vite que ça !

Il n'en fallait pas plus pour inciter Rollo à se remuer. De toute façon, il voulait voir le crapaud géant de plus près. Il prit sa sœur par la main, passa près du cheval et courut vers le pont.

La plus grande partie de la nuit s'écoula avant que les trolls ne quittent leur village où ils étaient terrés, et se rassemblent autour des visiteurs. Rollo reconnut les ogres qu'il avait semés la veille ; il ne voulait pas qu'ils le voient.

Pouillane et lui se réfugièrent sous un pont d'où ils pouvaient entendre et voir ce qui se passait.

Il observait le personnage voilé qui somnolait, à califourchon sur le dos du crapaud. Sommeillait-il ? Des gnomes gravissaient les flancs luisants du crapaud et chuchotaient des paroles au personnage vêtu de noir. Il hochait la tête sans rien dire.

Le sorcier est âgé de plusieurs siècles, pensa Rollo, *et il épargne son énergie.* Il était fasciné de voir les ogres, les goules et les gnomes se prosterner devant cet être mystérieux. Rollo les avait vus agir en maîtres avec les trolls. Et soudain, il comprit. À Crachoutos, tout le monde est l'esclave de cet être, le dernier sorcier.

Seul le crapaud géant pouvait faire tout ce qui lui plaisait, semblait-il. Il rotait autant qu'il le pouvait, jusqu'à ce que les ogres le gavent de pâtée à pleins seaux. Le jeune troll trouvait tout cela fort intéressant. C'était la nuit la plus fabuleuse dans toute l'histoire du Morne Marais.

Finalement, ils avaient rassemblé assez de trolls pour que le sorcier prenne la parole. Aussi loin que Rollo pouvait voir, il y avait des trolls partout et les vieux ponts pliaient dangereusement. Il espérait que le discours fût bref, sinon les spectateurs se retrouveraient dans le marais.

Styxus Rex se redressa et se hissa debout sur le dos du crapaud. Il retira son capuchon pendant que ses valets levaient leurs lanternes afin que les trolls puissent voir son visage. À sa vue, les gorges se nouèrent. Ses portraits ne lui rendaient pas justice. Styxus Rex avait le visage merveilleusement ravagé et son regard vicieux brillait de malice. Voilà à quoi ressemblait le vrai visage du pouvoir absolu, celui d'un mage.

– Mes amis, chers citoyens de Crachoutos, commença-t-il.

Il y avait longtemps que les trolls n'avaient pas été interpelés d'une façon aussi aimable.

– Je viens à vous parce que j'ai besoin de votre aide. Tout le monde sait que les trolls sont les meilleurs constructeurs de ponts dans tout notre glorieux pays. J'en veux pour preuve ce village pourri.

Il agita les bras joyeusement.

– J'ai fait un rêve... un rêve prophétique. Dans cette vision, j'ai vu un pont au-dessus du Gouffre. Ce pont grandiose unira notre pays à Bois-Joli !

Les trolls n'étaient pas aussi stupides qu'ils en avaient l'air. Ils commençaient à murmurer et à s'éloigner du sorcier. La plupart avaient compris de quoi il retournait. Les goules agitèrent leurs fouets et les murmures se calmèrent.

Toutefois, Styxus Rex n'était plus aussi joyeux.

– Vous allez vous engager comme volontaires dans mes équipes de travail. Ne vous inquiétez pas. Mes goules et mes ogres vous protégeront des elfes et des fées. Nous vous demandons seulement de nous aider à construire le pont, pas de vous battre. En fait, il n'y aura pas de bataille. Nous tendons la main aux elfes et aux fées en signe d'amitié.

Constatant qu'ils avaient affaire à un fou, des trolls plongèrent dans le marais. Rollo ne bougea pas, parce qu'il était trop près des ogres et que ces derniers étaient armés. Il essaya une autre tactique.

– Longue vie à Styxus Rex ! cria Rollo.

Saisissant l'astuce, les trolls reprirent son cri en chœur dans l'espoir de se débarrasser du sorcier.

– Longue vie à Styxus Rex ! clamèrent-ils et l'écho de leurs voix retentit dans tout le marais.

Cela apaisa le mage, qui leva les bras pour calmer la rumeur.

– Je vous remercie de vos bons vœux, mais je suis déterminé à construire ce pont. Le général Bavant reviendra demain pour réunir les volontaires. J'ai besoin de constructeurs de ponts expérimentés, disons trois mille d'entre vous. Ceux qui se joindront à moi seront couverts de gloire et de richesse.

La foule en délire l'applaudit, et certains hurlaient :

– Longue vie à Styxus Rex !

Mais les autres tentèrent de trouver une façon de s'échapper. Et pour cause. L'idée de construire un pont au-dessus du Gouffre, c'était du suicide ! De plus, pourquoi voudraient-ils donner un moyen aux fées et aux elfes de les attaquer ?

– Allons, Vieux Rot, dit le sorcier en s'asseyant à califourchon sur le dos du crapaud. Sortons de ce trou puant.

Sautillant comme un gros morceau de pouding aux sangsues, le crapaud se tourna dans l'autre sens. D'un gigantesque bond, il sauta d'une butte à l'autre en renversant les trolls et les ogres.

– Personne n'acceptera de faire ça, chuchota Pouillane. Il est devenu complètement dingue.

– Oui, mais ça doit être chouette d'avoir un crapaud géant, dit Rollo.

CHAPITRE CINQ

LES BRAVES VOLONTAIRES

– Je vais m'engager comme volontaire, déclara Bedono, le meilleur ami de Rollo.

Il était apprenti, lui aussi. Bedono, Rollo et Pouillane s'étaient réunis sur la rive du marais et réfugiés sous un pont. Ils étaient trop emballés par la visite du sorcier pour rentrer tout bonnement à la maison.

– Pourquoi ? fit Rollo avec surprise.

– Pour sortir d'ici, répondit Bedono. Je n'ai jamais vu le Gouffre, ni rien d'autre que ce marais minable. Je veux voir quelque chose. Faire quelque chose ! Styxus Rex est un sorcier et s'il prétend être capable de construire un pont, c'est qu'il peut le faire.

– Excuse-moi, dit Pouillane d'un air moqueur, mais il a dit qu'il cherchait des ouvriers expérimentés. Tu n'es qu'un apprenti.

– À côté de ces gros ogres et de ces goules stupides, je suis un ouvrier expérimenté, affirma Bedono avec fierté.

Rollo n'en doutait pas, Bedono était vraiment un excellent travailleur. Cependant, il était aussi un tout petit troll. Mais comme il rêvait de quitter Trollville, il prenait probablement la bonne décision.

– La gloire et la richesse, murmura Bedono, les yeux brillants de rêves. C'est ce que Styxus Rex a dit.

Pouillane roula des yeux.

– Eh bien, le Gouffre est plus grand que ce marais et plus profond que tous les trous de Crachoutos. Je ne pense pas que quelqu'un puisse le traverser, alors y construire un pont !

– Qu'allez-vous faire des elfes et des fées ? s'inquiéta Rollo.

Bedono renifla.

– Voilà pourquoi nous avons des ogres et des goules. Laissons-les s'occuper des fées. Je ne suis pas un bon travailleur, mais je sais faire semblant d'avoir l'air occupé.

– C'est vrai que tu sais t'y prendre, admit Rollo.

Il était pensif. Et si Ridicula décidait d'y aller ?

Bedono lui donna une tape dans le dos.

– Allez, Rollo, tu es grand et fort, ils t'aimeront beaucoup. Pourquoi ne viens-tu pas avec moi ? Nous aurons du plaisir ensemble !

– Si tu fais ça, maman et papa te tueront ! dit Pouillane.

– Fais-moi confiance, je n'irai pas, répondit Rollo rapidement.

Il doutait fortement que les trolls seraient récompensés. Il était certain qu'ils goûteraient au fouet, travailleraient de longues heures et mangeraient mal. Parce que c'était le sort des trolls sous la férule des ogres.

Plus tard, le jeune troll réfléchit, allongé sur sa couche. Il fit le bilan de sa courte vie, songeant à Styxus Rex et au Gouffre. Mais il pensait surtout à sa bien-aimée, Ridicula. Que faire si elle décidait de faire partie de l'équipe du sorcier ? Il ne la reverrait sans doute plus jamais ! Cette pensée lui était insupportable, intolérable même !

Au fond, se dit-il, *une personne aussi égoïste que Ridicula ne risquerait pas sa vie pour réaliser le rêve d'autrui.* Comment en avoir le cœur net ? Au crépuscule, le jeune troll se leva et s'habilla. Il savait où habitait Ridicula ; il allait se rendre immédiatement chez elle et lui poser la question.

Il se glissa dehors avant que sa mère, son père et sa sœur ne s'éveillent. À sa grande surprise, Trollville était désert. Bientôt, les gardiens allumeraient les phares, les marchands installeraient leurs étals et les cultivateurs iraient aux labours. Pourtant, il n'y avait pas âme qui vive, à part Rollo.

De plus, il tombait une pluie froide et lugubre qui allait bien avec son humeur. En frissonnant, le jeune troll traversa hâtivement une série de ponts jusqu'à la colline où habitaient Ridicula et sa famille. Que lui dirait-il ? Il n'avait pas même le droit de lui parler.

Rollo grimpa le long des vignes noueuses et des racines entrelacées menant à l'entrée de sa maison. Hardiment, il frappa à la porte vermoulue.

– Qui est là ? cria une voix masculine, teintée de peur.

La porte n'était même pas entrebâillée d'un centimètre.

– Est-ce que Ridicula est là ? demanda-t-il tout bonnement.

Il voulait s'assurer qu'il était bien chez elle avant de dire une bêtise.

– Qui veut savoir ça ?

– Je suis un de ses amis. Va-t-elle au travail ?

– Pas aujourd'hui ! répliqua sèchement la voix. Elle ne sortira pas de la maison aujourd'hui, pas même pour un million de larves. Déguerpissez, sinon je vous jetterai dans le marais !

Rollo ne répondit pas, il avait appris ce qu'il voulait savoir : Ridicula n'allait pas faire partie de la bande du sorcier.

– Je vous souhaite une morne soirée ! dit-il joyeusement.

Malgré la pluie et le village désert, Rollo avait le cœur léger en remontant vers le pont, enfin, jusqu'à ce qu'il entendît le martèlement de sabots au-dessus de sa tête. Il s'arrêta net et demeura figé sur place. Trop tard. Ils avaient entendu sa voix.

– Hé, petit troll, siffla une voix, ne vas-tu pas sortir et voir qui marche sur ton pont ?

– Non, ça ne fait rien. Allez-y ! dit Rollo d'une voix aimable.

– Allez, sors, continua la voix. Nous avons besoin d'informations. Ces maudits ponts se ressemblent tous.

Rollo secoua ses lourdes épaules. Il songea combien il était difficile pour des étrangers de trouver leur chemin dans Trollville. Avec un soupir de résignation, le jeune troll se hissa sur le pont.

Il comprit immédiatement qu'il avait commis une erreur… et même deux, en étant sorti de la maison et en se montrant aux étrangers. Perchée sur un grand cheval noir, la goule la plus dégoûtante qui fût se penchait au-dessus de lui. Et elle était entourée d'une bande d'ogres grimaçants. Chacun tenait une arbalète armée d'un filet.

– Je crois que nous avons trouvé notre premier volontaire, dit la goule.

Avant même que Rollo ne puisse plonger, trois ogres lui lancèrent un filet et il fut aussitôt pris au piège. Il réussit à se maintenir debout, vacillant un peu, jusqu'à ce que les ogres l'entourent. D'un formidable coup de poing, il envoya l'un d'eux par-dessus le pont. Le colosse tomba dans le marais, éclaboussant tous les autres. Les ogres furieux brandirent leurs gourdins et l'assommèrent.

– Ridicula ! cria-t-il, en s'affaissant sur les genoux. Aide-moi !

Personne ne vint à son secours. Pas une porte ne s'ouvrit dans le village des trolls, pétrifiés de peur. Rollo entendit seulement le ricanement de la goule avant de sombrer dans le noir.

CHAPITRE SIX

COMPAGNONS DE ROUTE

Une douleur lancinante envahit la tête de Rollo, courant de ses lèvres à son menton. Une sensation étrange lui remplissait la bouche. Une substance collante, au goût infect, scellait ses lèvres et ses paupières. En fait, il en était recouvert. Rollo se sentit écrasé sous son propre poids.

Éprouvant un sentiment de panique, le jeune troll remua et la douleur traversa ses épaules et ses bras. Rollo devait respirer et se libérer de cette obscurité étouffante.

Il se redressa en titubant. Ses jambes étaient molles et tout son corps était endolori. Il faillit s'évanouir, ce qui était plus simple que d'essayer de nager dans cette mer de moisissures. Il réussit enfin à sortir sa tête de la terre et à émerger dans l'air humide et froid. Quel délice ! Il aspira goulûment l'air frais.

Reprenant ses sens, il entendit un grincement. Il réalisa qu'il était dans un chariot de foin, roulant en pleine campagne sur une route cahoteuse. Le ciel était sombre et lugubre, et la pluie mêlée de neige lui piquait le visage. Rollo regarda autour de lui et aperçut d'énormes silhouettes autour du chariot ainsi que d'autres véhicules qui suivaient le sien.

Les ogres trottaient le long du convoi ou conduisaient les chariots alors que les goules chevauchaient sous la pluie. Au bout d'un moment, Rollo crut vraiment entendre leurs os s'entrechoquer en cadence avec le trot de leurs chevaux.

Un grognement s'éleva derrière lui. Du bout de son pied, il tâtonna et découvrit un corps tapi dans le foin. *Un autre volontaire,* se dit-il. Le convoi s'étendait à perte de vue et il constata que les chariots étaient remplis de trolls.

C'est intelligent, pensa Rollo, *la population ne devinera jamais que les chariots sont remplis de prisonniers.* Ils voulaient faire croire qu'il s'agissait de volontaires, alors que c'était faux. Combien de trolls avaient réellement accepté d'y aller? Combien d'entre eux avaient été enlevés?

Au moins nous n'avons pas à marcher jusqu'au Gouffre, pensa Rollo avec tristesse.

Un autre grognement se fit entendre, suivi d'un murmure inquiet. Rollo ne fut pas étonné de voir surgir la tête d'un troll tout étourdi, mais quelle ne fut pas sa surprise quand il reconnut cette tête !

– Maître Kronck ? chuchota-t-il.

– Oui… Oui… Ôte tes pattes de là !

Le troll grisonnant repoussa Rollo, releva ses manches et regarda autour de lui.

– Je vais démolir ces ogres !

– Silence, là-dedans, siffla une goule derrière eux.

Elle s'approcha, abaissa son capuchon et montra son visage cadavérique.

– Si vous préférez marcher avec des chaînes aux pieds…

Rollo entraîna rapidement son maître sous le foin.

– Parlez moins fort, chuchota-t-il. Nous sommes leurs prisonniers.

Kronck renifla de colère et sortit sa tête du foin. Rollo craignit qu'il ne commence à se plaindre, mais le vieux troll ne dit rien pendant que le chariot avançait en cahotant.

– Où vous ont-ils capturé ? demanda Rollo d'une voix triste.

– Au travail, évidemment. Personne ne s'était pointé… Et toi ? où étais-tu ? marmonna le vieil artisan en s'apercevant qu'il était stupide de poser une telle question. C'est vrai, tu étais ici. Voilà un beau panier de crabes ! Ils nous attaquent pendant le travail !

– Au moins, avec vous, dit Rollo, ils ont quelqu'un qui sait construire un pont.

Retenant sa colère, Kronck répliqua :

– Ce vieux sorcier est dingue. Il ne peut pas construire un pont au-dessus du Gouffre, personne ne le peut. Comment le concevoir ? Où allez-vous le fixer ? Où installerez-vous les piliers ?

Rollo secoua la tête.

– Peut-être utilisera-t-il ses pouvoirs magiques ?

– Une raison de plus pour déguerpir ! fit le vieux troll d'une voix âpre.

Il fouilla dans les plis de ses vêtements. Rollo n'avait aucune idée de ce qu'il cherchait, mais le constructeur sortit un sac et afficha un large sourire.

– Ce sont mes outils de secours. Je vais nous tirer de là.

– Pendant que nous roulons ? chuchota Rollo.

– Pourquoi pas ?

Kronck se fraya un chemin auprès de lui.

– Tu surveilles pendant que j'enlève les planches au fond du chariot. Nous nous glisserons par là et nous roulerons dans le ravin sur le bord de la route. Ils ne s'apercevront pas de la disparition de deux trolls et nous serons à la maison pour le souper.

– Tout ça semble merveilleux, admit Rollo, particulièrement ravi à l'idée de souper à la maison. Mais n'est-ce pas un peu dangereux ?

Kronck renifla.

– Et rester avec ce sorcier fou et une armée de brutes, n'est-ce pas dangereux ?

– À bien y penser, dit Rollo, la gorge serrée, je vais surveiller.

Rollo sortit la tête du foin et, en prenant un air insouciant, il épia les silhouettes sombres trottant dans la boue. Plusieurs goules, leur capuchon relevé, gardaient la tête baissée, paraissant ne pas regarder ce qui se passait. Il entendit le bruit de la scie en dessous de lui et tenta de protéger ses pieds.

La moitié de la nuit s'était écoulée quand Rollo entendit le bois céder. On aurait dit que quelqu'un déplaçait des meubles. Puis il sentit qu'on le tirait par le pantalon et il plongea la tête dans le foin.

– Fais attention, dit Kronck. Il y a un gros trou au fond du chariot. Tu es assis sur les planches que j'ai enlevées. Laisse-toi tomber et rouler vers la droite. Fais attention aux roues.

– Ouais, les roues ! répondit Rollo, la mâchoire crispée.

– À plus tard !

Sur ces mots, le vieil artisan disparut avec un bruit de choc mou.

S'est-il enfui ? Pas moyen de le savoir à moins de remonter là-haut et de regarder les environs… ou de se glisser dans le trou. Rollo ne voyait rien dans la nuit et, sous l'épaisse couche de foin, il ne pouvait même pas ouvrir les yeux. Il devait se diriger à tâtons.

Il trouva enfin les bords du trou par lequel Kronck s'était échappé. L'air frais s'engouffrait sous le chariot et sentait la liberté. Le trou avait l'air pas mal étroit, mais le jeune troll allait devoir y passer malgré sa forte taille. Son vieux maître l'attendait.

Prudemment, Rollo glissa une jambe dans le trou.

– Non, non, non, ne fais pas ça ! couina une petite voix dans le noir.

– Quoi ? Qui parle ? demanda Rollo en bégayant de peur.

– C'est la voix de la raison. Attends une minute. Écoute un peu.

Rollo était déjà paralysé par la peur. Il ne bougea pas. Au bout d'un moment, il entendit des voix et des cris, suivis d'un cri étouffé.

– Tu vois, ils ont attrapé ton ami, dit la voix. Il va regretter d'avoir tenté de s'échapper, j'en suis sûr. Et maintenant, je change de chariot, il y a un gros trou dans celui-ci.

– Attendez ! Attendez ! dit Rollo. Merci de m'avoir prévenu. Qui êtes-vous ?

– Hisse-moi là-haut, je suis trop petit pour y arriver tout seul. Fais attention à ce stupide trou.

Ses mains tâtonnèrent dans l'obscurité et s'agrippèrent à la manche de Rollo. Ce dernier souleva son compagnon de route dans ses bras ; il n'était pas plus grand qu'un enfant.

Le troll le poussa à travers le foin et ils sortirent la tête. Rollo scrutait l'obscurité derrière eux, essayant de trouver son vieux maître. Il constata avec amertume qu'un des chevaux traînait une masse informe. Des ogres frappaient sur le paquet en riant.

Il se retourna vers l'enfant et soupira. Ce n'était pas un enfant, c'était un horrible gnome aux cheveux hérissés, au nez pointu et aux dents crochues, couvert de verrues poilues. Le petit être s'agrippait au bord du chariot pour ne pas glisser dans le foin.

Rollo essayait d'être brave.

– Êtes-vous… Êtes-vous un volontaire ?

Le gnome rigolait.

– Pas plus que toi. Il y a quelques jours de ça, alors que je dormais paisiblement, le maître m'a convoqué pour me faire part de son grand projet. Je suis le scribe officiel, vois-tu. Je m'appelle Nabo.

– Enchanté de vous connaître. Je suis Rollo. S'ils vous écoutent, peut-être pourriez-vous sauver la vie de mon ami. C'est Kronck, le maître artisan des ponts. C'est lui qui nous enseigne le métier.

– Lui sauver la vie, dites-vous ? fit le gnome en se frottant le menton d'un air pensif. Les ogres n'aimeront pas ça, mais qu'est-ce qui peut faire plaisir à un ogre ?

Il pointa le doigt vers la goule la plus proche.

– Vous, là-bas, allez chercher le général Bavant ! Dites-lui que Nabo doit lui parler. C'est urgent !

– Messire Nabo, chuchota Rollo, pourquoi vous cachiez-vous dans ce chariot ?

– Qu'est-ce que tu crois ? Je n'allais pas marcher, répondit le gnome en balayant la paille de sa tête ébouriffée. J'étais très à l'aise jusqu'à ce que ton ami commence à faire tout ce tapage.

– Pourquoi l'avez-vous laissé s'échapper et pas moi ?

– J'ai écouté votre conversation et j'ai compris que l'idée venait de lui. Je peux dire que tu es plus intelligent que lui. Il a démontré que la fuite est une erreur. J'espère qu'il a compris la leçon.

L'horrible gnome le menaçait du doigt.

– Rappelle-toi de ça, jeune Rollo. Nous sommes sévères envers ceux qui tentent de s'échapper. Je ne t'en empêcherai pas si tu tentes de le faire, mais je rirai de bon cœur quand je te verrai mordre la poussière.

– C'est ça, le projet du pont ? demanda Rollo d'un air innocent.

Le gnome le regarda de travers, sous ses sourcils embroussaillés.

– Ne joue pas au plus fin, jeune troll. Tiens-toi bien, voici le général Bavant.

Cavalant sous la pluie, un immense cheval noir surgit près d'eux en crachant de la fumée, chevauché par une grande goule au visage anguleux. De sa bouche flasque s'écoulait un filet de bave.

– Nabo, que voulez-vous ? gargouilla-t-elle.

– Général, dit le gnome en faisant la révérence, vos troupes s'amusent avec un vieux troll qu'ils ont capturé alors qu'il essayait de s'échapper. Normalement, je ne m'en soucierais guère, mais ce garçon m'apprend qu'il s'agit du maître artisan des ponts. C'est lui qui enseigne le métier aux autres.

Pour la première fois, le général Bavant se tourna vers Rollo, pétrifié à la vue de la folie brillant au fond de ses orbites.

– Vous ne mentez pas pour le sauver, n'est-ce pas ?

– Non, monsieur, répondit vivement Rollo. Vous pouvez demander à n'importe quel troll de Trollville. Ils connaissent tous maître Kronck. Je suis son apprenti… ainsi que plusieurs autres.

– Très bien. Le maître voudra lui parler.

L'horrible goule tira sur les rênes et galopa vers l'arrière du chariot. Le général donna des ordres brefs et le filet fut hissé sur le dos de sa seconde monture. Les ogres l'attachèrent solidement. Le général Bavant en tête, les deux goules dépassèrent le chariot et se dirigèrent vers la tête du convoi.

Quand ils passèrent devant le chariot, Rollo entendit un gémissement et il essaya de se rassurer en se disant que tout irait bien pour Kronck. En vérité, il se demandait si l'un d'eux réussirait à s'en tirer. Et combien de temps s'écoulerait avant que lui-même ne rentre chez lui et ne retrouve sa famille ?

Combien de temps avant de revoir Ridicula ?

Tourmenté par toutes ces questions qui tourbillonnaient dans son esprit, le troll tourna le dos au gnome. Nabo le repoussa d'un geste.

– Je ne peux pas laisser le général Bavant rafler tous les honneurs. Je dois voir le maître, moi aussi.

Il lui allongea une grande tape dans le dos.

– Éloigne-toi des embûches et garde ton nez crotté.

Sur ces mots, le gnome lâcha le bord du chariot et glissa dans la paille. Rollo entendit un clapotement et, quand il se retourna, il vit le gnome qui s'enfuyait loin du chariot. Nabo n'avait eu aucune difficulté à se glisser hors du trou et il courait vite malgré ses courtes jambes.

Rollo frissonnait de peur et de froid. Il tenta de s'installer confortablement dans la paille épaisse. S'il voulait surmonter cette épreuve, il devait être très prudent. Il devait penser à lui-même et ne pas écouter l'avis des autres. Il devait commencer par se lier d'amitié avec le gnome, autant que possible.

Qu'est-ce que l'avenir lui réservait ?

CHAPITRE SEPT

MAISON, CHÈRE MAISON

Rollo avait un an ; il n'était qu'un gros bébé, un gros bébé troll tout chauve, gazouillant joyeusement dans son berceau. Sa mère le berçait en poussant le berceau du bout du pied ; de son autre pied, elle pilait des larves pour son repas. De sa voix gutturale, elle chantait une berceuse racontant qu'elle allait cueillir des sangsues, avec un gros seau, pour faire un gâteau. Rollo riait en entendant la chanson même s'il n'y comprenait pas grand-chose.

Il n'avait jamais été aussi heureux qu'à cette époque paisible, bercé tendrement par sa mère qui beuglait une chanson à ses oreilles. Même quand sa sœur lançait un serpent dans le berceau et se faisait réprimander, le balancement ne cessait pas. Vulgalia attrapait le serpent et l'envoyait au fond de la marmite sans enlever son pied.

Aussi fut-il surpris lorsque le bercement cessa soudainement. Rollo appela sa mère, mais elle avait disparu. Seuls l'air froid et la paille humide recueillirent ses pleurs.

Lorsque Rollo ouvrit les yeux, la lumière vive le transperça. Il repoussa la paille et jeta un coup d'œil au soleil éblouissant. Avec horreur, il constata qu'il n'était pas dans son berceau, mais dans un chariot, entouré par des ogres et des goules ! Et la lumière était celle du jour, l'horrible jour.

La douleur parcourait son corps meurtri ; il tenta de se lever. Malgré le soleil, une vague de mélancolie submergea le jeune troll lorsqu'il se souvint de ce qui lui était arrivé. La vue des chariots défilant par centaines n'était guère rassurante. Chacun d'eux transportait des trolls effrayés.

Rollo tendit l'oreille et entendit le grondement de l'eau. Il parcourut des yeux le paysage et constata qu'ils campaient au bord d'une large rivière aux rapides bouillonnants. Sur la rive opposée, la brume matinale semblait dissimuler la jungle.

Sur ce côté, la rive était défrichée et couverte de souches d'arbres et de piles de bois. Rollo se demanda s'ils pourraient franchir cette rivière impétueuse.

– Ce n'est pas le Gouffre, n'est-ce pas ? demanda une voix.

Rollo se retourna et vit quatre trolls dont les têtes émergeaient de la paille dans un chariot près du sien.

– Non, c'est la rivière Glacia, affirma un autre troll dans le chariot voisin. Du moins, je crois que c'est ça.

– Vous tous, descendez et placez-vous en rang! beugla un ogre repoussant en passant entre les chariots. Silence! Mettez-vous en rang!

Tous les ogres répétèrent le même ordre.

– Silence! Tous en rang!

Les trolls descendirent des chariots et tentèrent de former une ligne droite. C'était difficile parce que personne ne voulait se retrouver en avant. Enfin une goule planta une lance dans le sol et dessina une ligne droite. Rollo et les autres se hâtèrent de marcher sur la ligne.

Rollo cherchait Bedono, Kronck, ou quelqu'un qu'il connaissait. Quand il croyait reconnaître certains visages, ceux-ci se détournaient avec honte. Après tout, qui voulait admettre avoir été assez stupide pour accepter de faire partie de cette aventure? Ou assez bête pour se laisser capturer? Rollo souhaitait seulement que sa famille reste cachée, bien à l'abri.

Le jeune troll étira le cou pour épier les autres rangées. Il n'y avait pas trois mille trolls, mais plusieurs centaines. Et des centaines d'ogres. La plupart d'entre eux étaient vêtus d'un uniforme noir, mais d'autres portaient de simples vêtements. Certains semblaient troublés.

Les ogres aussi devaient se rassembler, on les pria gentiment de le faire. Ils pouvaient rire et plaisanter entre eux. La règle du silence ne s'appliquait qu'aux trolls.

Au loin, on entendit un énorme rot qui fit trembler le sol. L'odeur nauséabonde fut portée par la brise et Rollo tourna la tête vers la rivière embrumée. Le crapaud géant était dissimulé dans l'eau. Même si l'imposante créature lui faisait peur, Rollo voulait la voir de plus près.

C'était la fin de la matinée. Le soleil tapait déjà avant que tout le monde ne soit placé en rangs d'oignons, à la satisfaction des goules. C'est alors que Styxus Rex apparut, flanqué de gnomes qui maintenaient un parasol au-dessus de sa tête. Le sorcier n'aimait pas le soleil, et il se moquait des autres qui devaient l'endurer. En pleine lumière, il avait l'air plus sec et plus ridé que les goules.

– Salut, dit Styxus Rex, d'un air flagorneur. Je vous remercie de participer au projet grandiose de construire un pont qui unira nos deux terres.

– Moi, je ne veux pas ! cria une voix parmi les trolls.

Tout le monde se tut et Rollo faillit avaler sa langue. Il pensait exactement la même chose, mais il n'aurait jamais osé le dire. Des ogres marchèrent à travers les rangs pour essayer de trouver le coupable. Celui-ci semblait s'être perdu au milieu de la foule qui s'étendait à perte de vue.

Le sorcier serra les lèvres avec mécontentement.

– Peu importe comment vous êtes venus jusqu'ici, vous êtes rendus maintenant. Je vous conseille de profiter d'une telle occasion. Je ne mentais pas à propos de la gloire et de la richesse. Vous les obtiendrez si vous m'accompagnez sur le chemin de la victoire.

Il se frotta les mains avec joie.

– Et de plus, vous allez apprendre de nouvelles choses ! Si vous ne savez pas comment construire un pont, vous l'apprendrez. Si vous ne savez pas comment manier les armes, vous l'apprendrez aussi. Vous apprendrez peut-être même un peu de magie.

Rollo dressa ses oreilles pointues. La plupart des trolls autour de lui étaient attentifs. C'étaient bien des trolls : ils avaient le pardon facile et acceptaient leur sort… et le travail difficile.

– La première étape est de monter les tentes, construire des baraques et créer une nouvelle ville dans cette jungle! déclara Styxus Rex. Non, ce n'est pas le Gouffre. Mais c'est ici que nous allons apprendre à construire le pont que j'ai en tête.

Cette déclaration créa une réaction de peur chez les trolls.

– Malédiction, comment pouvons-nous construire un pont au-dessus de ces rapides? cria l'un d'eux.

Les yeux du sorcier se rapetissèrent.

– Grâce à mes pouvoirs. Vous construirez un pont au-dessus de cette rivière et nous nous servirons de cette victoire pour conquérir le Gouffre. Je vous conseille de travailler fort.

Styxus Rex épongea son cou avec un mouchoir noir et siffla:

– Nous devons nous mettre à l'abri de ce satané soleil! Les gnomes creuseront des tunnels et les ogres dresseront les tentes. Vous, les trolls, commencez à fendre du bois. Je vous conseille d'utiliser les haches seulement pour ça. Tous ceux qui refuseront de travailler seront donnés en pâture à Vieux Rot. Me suis-je bien fait comprendre?

– Oui, murmurèrent les trolls en chœur.

Après une vie à avoir été abusés et exploités, ils savaient à quoi s'attendre.

Les goules déroulèrent leurs fouets et les firent siffler dans l'air matinal. Les ogres, les trolls et les gnomes se hâtèrent de regagner leur poste pendant que Styxus Rex demeurait immobile sous l'ombre de sa pagode ambulante.

Rollo se demanda si le sorcier attendrait là jusqu'à ce qu'ils aient construit une ville dans la jungle. Derrière le troll, la rivière grondait à travers la brume. Ça lui rappelait le grand défi qui les attendait.

Les ogres érigèrent des rangées et des rangées de petites tentes en loques et s'y engouffrèrent aussitôt pour dormir. Les gnomes s'enfouirent sous la terre et on n'en vit plus un seul. Styxus Rex se fatigua rapidement du soleil et descendit rejoindre les gnomes. À midi, seules quelques goules patrouillaient au milieu de la foule de trolls mécontents.

La plupart d'entre eux s'évertuaient à fendre du bois, mais leur travail était lent et désorganisé. Comme Rollo, ils voulaient surtout revoir leurs amis et leur famille. Ils erraient dans la cohue, cherchant des visages connus tout en faisant semblant de travailler. Vu le grand nombre d'entre eux à agir de la sorte, il était difficile pour Rollo de retrouver son ami Bedono.

Ils avaient la permission d'aller chercher de l'eau à la rivière, mais n'avaient ni seaux ni outils, ce qui était dangereux. Plus d'un troll tombèrent dans l'eau et furent emportés par le courant. *Peut-être essaient-ils de s'évader,* pensa Rollo. Tout le monde avait l'air découragé ; c'était un camp de prisonniers, pas un chantier de travail.

La seule chose qui les ramenait à l'ordre était l'odeur de la nourriture en train de cuire dans la tente des ogres. *Ils vont certainement nous servir de la nourriture,* se disait Rollo. Le jour passa ; plusieurs trolls cessèrent de travailler et commencèrent à chercher des larves dans la boue et dans les souches.

C'est alors que Styxus Rex réapparut. Il n'était pas seul. Maître Kronck était avec lui, mais le vieil artisan avait l'œil hagard et la mâchoire pendante comme celle d'une goule. Les ogres se frayèrent un passage dans la foule, suivis du sorcier, du troll et des gnomes soutenant le parasol pour leur faire de l'ombre.

Tout en se dirigeant vers le centre du camp, le sorcier embrassa le troll comme un vieil ami.

– Oyez ! Oyez ! Je suis heureux de vous présenter Kronck, le maître artisan des ponts de Trollville. Il a enseigné le métier à plusieurs d'entre vous. Maître Kronck propose de coordonner nos efforts et de diriger l'entraînement. Il travaillera avec moi !

Ces paroles furent accueillies par un murmure d'approbation, mais elles laissèrent Rollo indifférent. Il se faufila dans la foule pour voir son vieux maître. C'était bien Kronck, mais son regard vide intriguait le jeune troll.

D'une voix morne, Kronck dit :

– Le maître annonce qu'il est l'heure de manger. Gloire à Styxus Rex.

Des plaisanteries et des applaudissements saluèrent ces paroles. Les ogres firent d'abord manger les trolls plus âgés. Rollo essaya de retrouver Kronck pour lui parler, mais les maîtres avaient disparu comme par enchantement. Escortés sous bonne garde, le sorcier et son nouvel allié s'étaient réfugiés dans un terrier creusé par les gnomes

Rollo faisait partie de la bande des plus jeunes et il dut attendre patiemment son tour. Dans la foule clairsemée, il aperçut enfin son ami Bedono qui lui faisait des grands signes, tout heureux de le revoir.

– Rollo, tu t'es décidé ! cria le petit troll en se précipitant au-devant de lui. Je savais que tu viendrais !

– Eh bien, ce n'est pas tout à fait comme ça que ça s'est passé.

Rollo jeta des coups d'œil autour de lui pour s'assurer qu'il n'y avait pas d'oreilles indiscrètes.

– J'étais sur le pont, ils m'ont assommé et enlevé.

– Impossible, dit Bedono. Il s'agit d'un malentendu. Moi, ils m'ont très bien traité.

Rollo roula des yeux.

– Tu es probablement le seul à t'être engagé comme volontaire.

– Comme l'a dit le grand patron, nous sommes ici maintenant, insista Bedono.

Rien ne pouvait faire fléchir sa bonne humeur.

– Et ce sera facile de leur faire croire que nous travaillons.

Rollo blêmit.

– C'est dangereux de construire un pont au-dessus de cette rivière. Sans parler du Gouffre.

– Reste près de moi, dit Bedono. La façon dont je vais procéder n'a rien de dangereux ni de difficile. Je me montrerai seulement à l'heure de récolter la gloire et la richesse.

– Vous deux ! À la bouffe ! beugla un ogre en faisant un pas vers eux.

Lorsque Rollo se tourna pour le remercier, il faillit pousser un cri d'horreur. C'était le capitaine de la patrouille qui avait essayé de l'arrêter près du Trou dans la forêt. Une lueur brilla dans les yeux de la brute et ses crocs se découvrirent.

Rollo s'efforça de se fondre dans la foule, mais les autres trolls s'écartèrent rapidement de lui. Le capitaine marcha jusqu'à Rollo et le toisa.

– Eh bien, n'est-ce pas mon braconnier préféré ?

Il enfonça son gros doigt dans la poitrine de Rollo.

– J'ai eu des ennuis à cause de toi. Le commandant n'aime pas voir revenir des soldats blessés, avec des filets troués, mais sans prisonnier. Ne voulais-tu pas jouer au bras de fer avec moi ?

Rollo rit nerveusement.

– Je pense que vous me confondez avec quelqu'un d'autre. Je ne joue pas au bras de fer.

– Bien sûr que si ! dit Bedono avec entrain. Tu es le champion de notre classe, rappelle-toi !

Le gros troll grimaça et se retint pour ne pas étrangler son ami. Un bon nombre d'ogres s'étaient rapprochés et la plupart des trolls avaient filé. Le capitaine fit grincer ses crocs contre ses défenses. *Peut-être qu'il sourit*, espéra Rollo.

– Il s'agit d'un nouveau pari, bien sûr, lança l'énorme ogre en avançant vers lui jusqu'à ce que sa bedaine heurte la sienne. Si tu gagnes, tu auras la vie sauve. Si je gagne, tu auras un accident.

Les autres ogres l'approuvèrent en riant.

– Et nous aurons deux fois plus à manger que les autres, insista Bedono.

Devant leur air surpris, il sourit et ajouta :

– Je suis le gérant de Rollo.

– Ça me semble juste, dit Rollo d'une voix faible.

Le capitaine rit et releva sa manche droite.

– Comme vous voulez. Croyez-moi, la nourriture sera le moindre de vos soucis quand j'en aurai terminé avec vous. Trouvons une souche d'arbre.

Il se mit à chercher une souche.

– D'accord, articula Rollo.

Une sensation de torpeur l'envahit ; il était pétrifié.

Bedono frotta le bras de son ami.

– Allons, Rollo, tu peux l'affronter. Il est tout mollasson… Il mange trop de petits plats à la maison. S'il te plaît, remporte cette victoire, car j'aimerais vraiment demeurer en vie. Je sais… Pense à toute cette bonne nourriture !

Manger, pensa Rollo. Il avait faim. L'idée de manger lui donnait de la force. L'odeur de la nourriture flottait dans tout le camp et son estomac ne grognait plus, il grondait. La salive emplit sa bouche, et ses puissants biceps se contractèrent. *Oui, je peux l'emporter.*

– Allons-y, dit l'ogre.

Il était assis sur le sol en face d'une souche, le coude planté au centre de la plate-forme.

Rollo s'assit devant lui. Il était terrorisé mais il reprit courage. C'est lui qui avait suggéré ce jeu dans la forêt, et il n'aurait pas fait ça s'il n'avait pas cru pouvoir gagner. Il avait confiance en son talent et en sa volonté. Et il savait comment faire plier le poignet de son adversaire.

– Quelles sont les règles du jeu ? demanda Rollo avant de placer son coude sur la souche.

L'ogre parut décontenancé à l'idée qu'il pût y avoir un règlement.

– Voyons, nous nous prenons les mains et je te brise le bras. Qu'est-ce que tu veux dire par là ?

– Quand commençons-nous ? Dès que nos mains se touchent, ou attendons-nous le signal ?

– Dès que nos mains se touchent, aboya l'ogre.

Rollo essaya de ne pas sourire, c'était exactement ce qu'il voulait. L'ogre était trop sûr de lui, et Rollo ne voulait pas lui laisser l'occasion de jauger sa force.

– Et le concours se termine quand le dos de la main du perdant touche le bois, n'est-ce pas ?

Rollo regarda les autres ogres pour s'assurer qu'ils écoutaient.

Le capitaine riait.

– Es-tu certain d'avoir déjà joué à ça ?

– Oui, répondit Rollo d'un air aimable, mais je ne veux pas que cela tourne en rixe. Je veux qu'on s'en tienne au jeu.

Les petits yeux de l'ogre se rétrécirent davantage.

– On verra. Alors, ferme-la et pose ton bras ici.

Rollo prit une profonde respiration et essaya de vider son esprit. Il ne pensait pas au gros boudin devant lui, mais aux écrous qui serraient les câbles sur le pont des trolls. Il pensait aux cisailles, aux scies et aux outils qu'il utilisait tous les jours. Il pensait à ses mains solides agrippant les outils et se dit qu'il devait se servir de cette force-là au cours de la lutte. Avec cette force, il devait empoigner la main de l'ogre.

Le jeune troll plaça son coude près de celui de l'ogre et, à sa grande satisfaction, il vit que sa propre main était plus large et son avant-bras plus long que ceux de son adversaire. Devant son calme, l'ogre eut un doute. C'est à ce moment que Rollo agrippa sa main et fit plier son poignet.

L'ogre réagit au moment où sa main n'était plus qu'à un centimètre du bois. Il gémit et essaya de se redresser alors que Rollo contracta les muscles de son épaule. De tout son poids, il s'appuya sur le revers de la main, et l'ogre cria en voyant que sa main cédait sous son emprise et qu'elle gisait, étalée sur la souche.

Rollo retira promptement sa main. Il avait mal au bras mais il avait gagné !

Les ogres étonnés gloussèrent de surprise. Même Bedono semblait stupéfié de la rapidité avec laquelle Rollo avait remporté la victoire. Le capitaine était furieux et ses yeux porcins, injectés de sang, fixaient Rollo. Il bondit sur ses pieds et s'empara de son épée, mais il hurla de douleur en secouant son poignet.

L'ogre agitait maladroitement son épée de la main gauche.

– Maintenant tu vas mourir, espèce de sale troll !

CHAPITRE HUIT

UN ATOUT DANS SA MANCHE

Deux gardiens les interrompirent et agrippèrent le bras de l'ogre.

– Capitaine, une goule nous surveille, chuchota l'un d'eux.

D'un air renfrogné, l'ogre abaissa son épée et obéit. Il continuait de dévisager Rollo pendant que tout le monde était tourné vers la goule à cheval.

Ce n'était rien de moins que le général Bavant, enveloppé de sa cape brodée d'or. Il frappa sa monture et la fit avancer. Un capuchon sombre protégeait le visage répugnant de la goule contre le soleil, mais ses lèvres minces semblaient tordues par un sourire.

– Capitaine Masticor, gargouilla-t-elle. Je crois que nous avons dit qu'il fallait nourrir les trolls, et non pas faire du sport avec eux. Je connais celui-ci, il nous a aidés hier soir.

À la grande surprise de Rollo, le général Bavant le désignait.

– Veillez à ce que lui et ses amis mangent bien, ordonna la goule. En fait, donnez-leur une double ration.

– Oui, chef, dit le capitaine.

Il jeta un bref coup d'œil à Rollo et baissa la tête.

La goule éperonna son cheval et détala au galop en les éclaboussant de boue. Aussitôt, le capitaine fixa Rollo et serra les poings, mais une ogresse l'écarta de Rollo.

– Laisse tomber, Masticor, dit la nouvelle venue.

Elle était assez mince pour une ogresse. Ses muscles étaient toutefois aussi gros que des câbles.

– Rappelle-toi que tu dois entraîner ces trolls à se défendre. Un accident est si vite arrivé.

– Ouais, c'est vrai, dit le gros ogre, en montrant une rangée de crocs.

Il plongea son doigt dans la poitrine de Rollo.

– Souviens-toi de ceci, je suis le capitaine Masticor, et on se retrouvera.

Masticor s'éloigna et l'ogresse demeura sur place. Elle soupira en regardant Rollo et Bedono.

– Je m'appelle Verna. J'essaierai de vous avoir dans mon équipe, mais il ne sera pas facile d'éloigner Masticor. Venez, allons chercher vos doubles rations.

Pendant que Verna se frayait un chemin à travers la foule, Bedono se faufila jusqu'à Rollo. Il se frottait les mains.

– Tu vois, je t'avais dit que ça serait facile. Tu vas devenir populaire. Tu as gagné l'estime du général et maintenant tous les ogres te connaissent !

– Je suis si facile à reconnaître que je serai le premier à avoir un accident, marmonna Rollo. Et je ne suis pas certain que le général Bavant ait de l'estime pour quiconque.

Bedono avait l'air rêveur.

– Réfléchis, Rollo, nous serons les premiers de notre espèce à visiter Bois-Joli. Nous allons voir les fées de nos propres yeux au lieu d'écouter toutes ces fables effrayantes. Nous sommes des explorateurs !

– Je ne veux pas voir de fées, chuchota Rollo. Et certainement pas visiter les lieux où elles habitent.

– Ne t'en fais pas, je te protégerai, dit Bedono, en affichant un large sourire.

Maître Kronck apparut au coucher du soleil. Personne n'avait le droit de s'approcher de lui. Flanqué des ogres, il passait entre les rangées, choisissant les trolls qu'il connaissait. Une grande goule suivait le groupe et discutait avec les trolls qui étaient désignés.

Lorsque le constructeur de pont arriva devant eux, Bedono se cacha derrière Rollo. Celui-ci s'empressa de saluer son vieux maître et, une fois de plus, il fut étonné par le regard vide de Kronck. Une lueur s'alluma enfin dans ses yeux, et le vieux troll désigna Rollo en murmurant :

– Celui-là.

Puis il poursuivit son chemin.

Rollo fut immédiatement épinglé par une goule qui bavait sur ses pieds.

– Tu es un chef d'équipe.

– Un quoi ?

– Un chef d'équipe. Voici ton équipe.

Son regard parcourut une douzaine de trolls qui formaient une bande. Bedono était parmi eux.

– Vous, les trolls, vous faites partie de l'équipe numéro quatre-vingt-treize. Attendez les ordres.

La goule pivota et cracha un jet de salive avant de suivre Kronck.

– Ton équipe ? marmonna un gros troll aux poils gris en lançant un regard suspicieux à Rollo. Tu n'es qu'un mioche.

Bedono intervint.

– Rollo travaille fort et il sait construire un pont. Et jouer au bras de fer. Voulez-vous jouer au bras de fer avec lui ?

– Bien sûr ! s'exclama le vieux troll, en frottant ses grosses paluches l'une contre l'autre.

– Ça ne prouvera rien, dit Rollo avec inquiétude. Je n'ai pas choisi d'être chef d'équipe. Si ça ne vous plaît pas, pourquoi n'en parlez-vous pas avec la goule ? J'ai l'intention de faire ce qu'on me dit de faire et de sortir vivant d'ici. Si vous êtes de mon avis, vous n'aurez aucun problème avec moi.

– Ça me semble raisonnable, déclara une vieille dans l'équipe. Laissez-le faire comme il l'entend. D'ailleurs personne d'entre vous ne veut discuter avec ces goules et ces gnomes, pas vrai ?

Ils étaient tous d'accord et personne d'autre ne contesta le rôle de Rollo. Pour l'instant, tout allait bien.

Une douzaine de paires d'yeux étaient fixées sur lui, et il se demanda ce qu'il allait faire. Heureusement, un ogre se mit à grogner.

– Si vous voulez avoir une place où dormir, vous avez intérêt à vous remuer ! Allez chercher des billots et de la paille, prenez vos haches et construisez une hutte pour votre équipe.

– Une hutte ? murmura Bedono. Pas un troll digne de ce nom ne dort dans une hutte ! Pourquoi ne pouvons-nous pas dormir sous la terre comme les gnomes ?

– Avez-vous dit, les « trolls » ? grogna l'ogre en dévisageant le petit troll.

– Il a dit qu'il voulait voir nos nouvelles maisons ! répondit rapidement Rollo. S'il vous plaît, équipe numéro quatre-vingt-treize, au travail.

Ce fut le chaos durant une bonne partie de la nuit ; les trolls essayaient de construire quelque chose qu'ils n'avaient pratiquement jamais vu : des maisons. Heureusement, des marchands parmi eux avaient déjà construit des étals sur les ponts. Les autres étaient tous des constructeurs de ponts et ils savaient comment attacher les billots de bois.

Avec de la corde, de la paille, des billots, des bâtons et des perches, ils bâtirent de petites maisons à côté des tentes. Au crépuscule, une nouvelle ville s'étendait sur la rive de la rivière Glacia.

Les membres de l'équipe de Rollo n'aimaient pas leur hutte jusqu'à ce que les murs soient recouverts de boue. Ils se sentaient chez eux. Ils étaient vraiment à l'étroit quand tout le monde fut installé. Mais les trolls sont des êtres très sociables et la plupart d'entre eux provenaient de taudis surpeuplés.

En grognant, en gémissant, en pestant et en donnant des coups de pied par-ci, par-là, chaque membre de l'équipe trouva un petit coin où se lover. *Nous sommes comme une grande famille dont je suis le père,* songea Rollo. Il était ému et cela lui rappelait sa propre famille. Tous lui manquaient terriblement, même Pouillane.

Il n'avait qu'un ennemi et il s'était fait plusieurs amis. Mais qui est un véritable ami? Dans un endroit comme celui-ci, c'était chacun pour soi. Même Nabo, le gnome, semblait inquiet de la suite de cette aventure. Ils ne pouvaient espérer qu'une chose: que Styxus Rex savait ce qu'il faisait.

Ce n'était pas très rassurant, mais Rollo était trop fatigué pour réfléchir davantage. Le soleil se levait et il était allongé sous un rayon de lumière qui filtrait à travers les lattes. La chaleur envahit ses os et il sombra dans le pays des rêves.

Un rot du tonnerre déferla sur le campement, éveillant Rollo en sursaut. Ses yeux scrutant l'obscurité, il renifla l'odeur louche des trolls et reçut un coup de pied au genou. Puis il se rappela où il était: dans la hutte qu'ils avaient construite. Il était entouré de son équipe, l'équipe numéro quatre-vingt-treize.

Un autre rot monstrueux retentit, puis un troisième. L'odeur de marécage devenait de plus en plus forte. Rollo s'ennuyait de chez lui.

– Nous avons de la chance, dit Bedono, allongé à côté de lui. Qui peut se vanter de se faire réveiller par un crapaud géant ?

Rollo scruta les environs à travers les fentes, mais il ne vit que l'obscurité percée ici et là par la lumière des torches. Un ogre passa en donnant des ordres.

– C'est l'heure de travailler ! Debout, les trolls ! Rassemblez vos équipes ! C'est l'heure de se lever !

Personne ne remua dans la hutte. Certains trolls ronflaient encore. Rollo ne savait pas comment faire bouger son équipe, mais il devait trouver un moyen.

Comme il était le seul à regarder dehors, il décida de raconter une blague.

– Regardez, Vieux Rot arrive, le crapaud géant. Oh non ! il a écrasé la hutte de ceux qui refusaient de se lever !

– Quoi ? demanda une voix ensommeillée.

– Le crapaud géant démolit les baraques ! cria Rollo. Tout le monde dehors ! Sauve qui peut !

Il bondit sur ses pieds et courut vers la sortie, bousculant autant de dormeurs que possible.

Cela créa un sentiment de panique et une douzaine de trolls endormis se retrouvèrent dehors.

– Vite ! Tous en rang ! hurla Rollo en les poussant.

– Où est le crapaud ? grommela le vieux troll. Je ne le vois pas.

– Il est déjà parti, mais voici un ogre.

Un ogre les regardait, en effet. C'était Verna, l'ogresse musclée. Elle agita la tête d'un air satisfait.

– Votre équipe est la première debout. Qui est le chef ?

– C'est moi, répondit Rollo.

– Beau travail, dit-elle. Je me souviens de vous, le bras de fer. Votre équipe mangera en premier et vous recevrez une double ration. Ce sera votre récompense pour avoir répondu à l'appel et vous être levés aussitôt.

Après cela, Rollo devint le héros de son équipe. La nourriture faisait bon effet sur les trolls, particulièrement quand ils mangeaient les premiers et que les portions étaient grosses. En fait, la plupart n'avaient jamais autant mangé de leur vie. Ils se régalaient de larves fraîches.

Après le repas, on leur ordonna de se rendre au bord de la rivière brumeuse. Les trolls pouvaient travailler durant le jour, mais les goules et les ogres n'aimaient pas la lumière du jour. Avec crainte, ils s'approchèrent des rapides bruyants et de l'eau sombre et agitée. Ils étaient habitués à l'eau calme des étangs et des marécages. Mais celle-ci coulait rapidement et emportait tout sur son passage.

Les gnomes s'affairaient à installer des lanternes pour éclairer la rive grouillante de monde. La plupart de leurs efforts n'arrivaient qu'à rendre la brume plus mystérieuse et féerique. En aval, plusieurs trolls jouaient avec une grosse arbalète posée sur un support. Rollo descendit les rejoindre pour voir ce qu'ils fabriquaient.

À bonne distance, il les observa tandis qu'ils hissaient une flèche sur l'arbalète. L'immense flèche était munie d'une pointe en forme de crochet et d'une longue corde fixée à sa queue. Ce n'était pas vraiment une arbalète, car il fallait remonter une manivelle pour y installer la flèche. Il entendit quelqu'un dire qu'il s'agissait d'une baliste.

Qu'est-ce qu'ils vont viser avec ça? se demanda-t-il.

Rollo aperçut le capitaine Masticor parmi les ogres et faillit s'enfuir hors de sa vue. Mais sa curiosité l'emporta. D'ailleurs, la lumière était faible et il demeura tapi dans l'ombre.

Au bout d'un moment, le général Bavant en personne vint inspecter l'arme. Il pointa l'arbalète vers l'autre côté de la rivière où on ne voyait rien d'autre qu'une rangée d'arbres. Allait-il viser un arbre?

Un instant plus tard, c'est exactement ce qu'il fit. Le capitaine Masticor appuya sur la détente, et le harpon passa par-dessus la rivière, traversa la brume et s'enfonça dans la forêt sombre. Puis deux ogres tirèrent sur la corde pour vérifier qu'elle avait atteint les arbres.

La corde semblait solidement arrimée. Les ogres attachèrent rapidement l'autre extrémité autour d'un tronc d'arbre, de manière à disposer d'une corde de sécurité au-dessus de la rivière.

– Nous devons nous assurer qu'elle est bien fixée à l'autre bout, dit le capitaine Masticor.

Le général Bavant approuva. Masticor sauta dans l'eau bouillonnante et s'empara de la corde. En faisant glisser une main à la fois sur la corde, le brave ogre suivit le câble. L'eau tourbillonnait autour de sa tête sans qu'il lâche prise. Il disparut dans la brume et dans les rapides, mais on pouvait encore l'entendre grogner.

Rollo était pétrifié de peur à l'idée qu'ils devraient tous traverser la rivière de cette façon. Peut-être leur faudrait-il même traverser le Gouffre en se tenant à une corde !

Il songea brièvement à s'échapper, mais il se souvint de ce qui était arrivé à Kronck. Rollo ne savait pas au juste ce qu'on avait fait à son vieux maître, mais il savait que ça ne donnait rien de bon.

Deux ogres sautèrent à leur tour dans l'eau tumultueuse et tentèrent de suivre la corde. Le jeune troll, distrait par les murmures et les cris s'élevant de la foule, vit, en tournant la tête, une bande de goules se diriger vers la rivière. Styxus Rex menait la marche, accompagné de Nabo, le petit gnome.

Le jeune troll revint vers son équipe et Bedono lui chuchota :

– Où étais-tu ?

– Laisse tomber, répondit Rollo. Mais si quelqu'un demande un volontaire, ferme-la.

Quelque chose se préparait et la foule de trolls et d'ogres se tranquillisa. Styxus Rex semblait plus sérieux que jamais. En réalité, il était plongé dans ses pensées, sans se soucier de ses sujets qui tremblaient de peur.

Le général Bavant marcha vers Nabo et s'inclina pour lui parler. Le gnome regarda en aval de la rivière et secoua la tête d'un air satisfait. *Il doit avoir remarqué la corde de sécurité,* pensa Rollo.

Nabo prit la parole :

– Oyez ! Oyez ! Nous sommes tous réunis sur les rives de la rivière Glacia pour assister à un miracle. Notre noble maître, Styxus Rex, va faire ce que personne n'a fait depuis deux cents ans ! Grâce à ses pouvoirs magiques, il va traverser la rivière Glacia.

La voix du gnome avait laissé planer un doute, et il s'empressa d'ajouter :

– Cela prouvera que nous sommes tous capables de le faire. Ainsi, nous pourrons construire le pont vers Bois-Joli !

– Personne ne peut traverser cette rivière sauvage, chuchota Bedono.

– J'ai vu trois ogres la traverser il y a quelques minutes, répondit Rollo.

Bedono lui fit un clin d'œil, mais le grand troll regardait le sorcier. Il avait les bras croisés et les yeux fermés ; il était vêtu comme d'habitude de sa toge noire. Au début, Styxus ne semblait rien faire de particulier, puis il paraissait devenir de plus en plus grand.

Rollo remarqua que ses pieds flottaient au-dessus du sol. Il attrapa Bedono et se mit à le secouer.

– Regarde, il vole !

– Quoi ?

Le petit troll se haussa sur la pointe des pieds pour mieux voir. En effet, le sorcier s'élevait lentement au-dessus de la foule médusée. Même Nabo avait l'air surpris.

La foule poussa un soupir quand le sorcier tendit les bras et commença à flotter au-dessus de l'eau tourmentée. Il descendit lentement jusqu'à ce que ses pieds soient à quelques centimètres de l'eau. Il ressemblait à un sombre navire disparaissant dans la brume.

– Est-ce vrai ? demanda Bedono.

– Tu l'as vu de tes propres yeux, n'est-ce pas ? dit Rollo.

Le jeune troll était enchanté parce qu'il commençait à comprendre.

– Voilà comment nous allons construire le pont. C'est de la magie ! Il nous fera voler au-dessus de la rivière.

Bedono siffla entre ses dents.

– Tu n'as pas à t'inquiéter, je n'hésiterai pas à m'enrôler.

Un instant plus tard, Styxus Rex réapparut. Lorsqu'il atterrit sur la rive, il vacilla légèrement et le général Bavant dut le retenir. Rollo ne pouvait pas voir le visage du sorcier, mais son attitude montrait que l'effort l'avait épuisé. La goule le mena jusqu'à un tronc d'arbre où Styxus Rex s'assit.

Les applaudissements et les acclamations fusèrent aussitôt. Les trolls n'avaient jamais cru qu'ils verraient le sorcier au cours de leur vie, encore moins qu'ils assisteraient à un de ses tours de magie.

C'est plus fort qu'un simple truc de magie, pensa Rollo, *c'est merveilleux !*

Le sorcier reprenait des forces. Il parla à Nabo et le gnome annonça à la foule :

– Maintenant, notre maître va répéter ce tour de magie avec un groupe de volontaires ! Ces volontaires ont été choisis, testés et certifiés. Bien sûr, seul Styxus Rex connaît la formule.

Rollo s'approcha pour ne rien manquer du spectacle. Il était heureux d'avoir été trollnappé, parce qu'il n'aurait jamais même pu espérer voir une telle chose.

Six volontaires s'avancèrent : deux goules livides, deux gnomes hautains et deux gros ogres bien gras. Bien sûr, il n'y avait aucun troll dans ce groupe d'élus. Rollo était légèrement déçu, mais il comprenait la situation.

Styxus Rex se redressa d'un air solennel. Il leva les bras et désigna les six volontaires. Il semblait invoquer ses pouvoirs.

Il ne se produisit rien pendant un certain laps de temps. Finalement, les deux ogres et une des goules s'élevèrent à quelques centimètres au-dessus du sol. Styxus Rex agita les mains et ils planèrent au-dessus de la rivière froide et tumultueuse.

Les deux ogres furent saisis de panique et ils commencèrent à crier et à agiter les pieds. Ils s'effondrèrent lourdement dans l'eau et rebondirent comme des pommes. En voyant cela, la goule céda à la panique, elle aussi. Elle essaya de courir sur ses jambes raides, mais ses pieds se balançaient au-dessus de l'eau.

Styxus Rex poussa un cri et la goule tomba au milieu des remous. À la vue d'un tel désastre, les murmures et les cris de protestation de la foule s'élevèrent. Rollo courut jusqu'à la rive et regarda en aval. Il aperçut les deux ogres cramponnés au câble, mais pas de trace de la goule.

Les gens criaient sur la rive, et les deux ogres pataugeaient dans l'eau à la recherche de la goule. Ils la tirèrent du fond et la hissèrent à la surface. Après plusieurs tentatives, ils parvinrent tous les trois à regagner la rive.

Les ogres étaient à moitié morts, mais ce bain forcé semblait avoir rafraîchi la goule. Elle avait l'air si propre que les autres goules ne voulaient pas s'approcher d'elle.

Rollo se demanda pourquoi les gnomes n'avaient pas volé. Peut-être étaient-ils trop enracinés à la terre. Celui qui avait pensé à fixer ce câble de sécurité avait prévu le coup. Cela sauvait des vies, à part celle de la goule, bien sûr, qui était déjà morte.

Le jeune troll se retourna et vit Styxus Rex s'évanouir dans les bras du général Bavant. Avec l'aide d'une goule, ils transportèrent le sorcier, et Nabo se précipita vers eux.

Les ogres repoussèrent la foule comme s'ils ne voulaient pas que les trolls voient ce qui se passait. Mais il était trop tard, tous avaient vu le tour de magie échouer.

CHAPITRE NEUF

POUR VOTRE PROTECTION

– Attention ! cria le gros ogre.

Le capitaine Masticor marchait devant une longue file de trolls, qui se tenaient droits comme des soldats. Il avait réussi à se traîner péniblement hors de l'eau ; sa fourrure était complètement mouillée, tout ça à cause du mauvais tour de magie. Il était de mauvaise humeur.

– Rentrez le ventre ! Sortez le menton ! Non, non, pas votre langue, votre menton !

Masticor frappa une recrue à l'estomac et administra une taloche sur la tête d'une autre. Il alla jusqu'au bout de la rangée en adressant des reproches à tout le monde.

Cette fois-ci, Rollo se tint aussi loin que possible, au fond de la dernière rangée. Bedono était beaucoup plus loin en avant. Il ne voulait surtout pas que Masticor le voie et s'efforça de se fondre dans la foule. Les autres ogres n'étaient pas loin et Rollo souhaitait qu'ils se séparent pendant l'entraînement.

Peut-être se retrouverait-il avec Verna, la plus gentille des ogresses.

Masticor aboyait :

– Ce n'est pas parce que nous avons eu un petit contretemps ce soir que vous ne devez pas travailler. Je sais que les trolls sont lâches et qu'ils ne se battent pas, mais il s'agit d'autodéfense. C'est pour votre protection.

Il renifla avec dédain en réprimant un rire entre ses dents.

– Je n'ai pas besoin de vous dire combien les elfes et les fées sont mauvais. Ils peuvent transformer une goule en un mignon phacochère. Les fées sont des êtres aux pouvoirs maléfiques et les elfes sont des brutes meurtrières. Ils collectionnent les têtes de trolls et s'en servent comme cibles pour y planter leurs flèches empoisonnées !

Un long frisson parcourut la foule. Rollo aurait voulu lui demander d'où il tenait ça, car personne n'avait vu ni fée ni elfe depuis des siècles. Et pourquoi se serviraient-ils de flèches empoisonnées durant les exercices de tir ? Mais il se garda bien de parler et il baissa la tête.

– Les fées ont des ailes, dit l'ogre, alors elles peuvent voler sans l'aide de la magie. Elles pourraient nuire à la construction du pont.

Il s'arrêta devant un troll trapu qui avait un gros pif.

– Vous ! que ferez-vous lorsque vous apercevrez une fée ?

– Crier et m'enfuir, répondit le troll.

– Non ! cria Masticor. Vous prendrez votre arme… je veux dire : votre hache… et vous écraserez cette fée. C'est compris ?

– Et que faire si nous n'avons pas de hache ? demanda le troll avec inquiétude. Que faire si elle nous jette un sort ?

– Vous utiliserez vos poings.

Masticor toisa le troll et dit d'un air maussade :

– Écoutez, vous êtes un gros troll et c'est une toute petite, mini, mini, mini-fée. Même si elle vous transforme en tas de fumier, vos amis l'attaqueront. Il y a plein de trolls aussi stupides que vous ! Si vous vous unissez, vous pouvez vaincre n'importe quel ennemi.

Si nous nous unissons, pensa Rollo, *nous pouvons vaincre n'importe quel ennemi ?* C'était logique, bien qu'il n'ait jamais entendu personne parler comme ça.

– Ne vous creusez pas trop la cervelle au sujet de ce qui s'est passé ce soir, prévint le capitaine. Je travaille pour Styxus Rex depuis longtemps et il ne laisse pas facilement tomber quand il veut quelque chose.

Rollo crut voir le gros ogre frissonner lorsqu'il prononça ces paroles, ou était-ce son imagination ?

– Maintenant, passons à l'entraînement, dit le capitaine.

Il regarda autour de lui et, comme il ne trouvait pas ce qu'il cherchait, il grogna :

– Nabo ? Où est ce paresseux de gnome ?

Le gnome surgit d'un trou en marmonnant, l'air essoufflé. Couvert de boue, le scribe courait dans tous les sens en agitant un rouleau de parchemin.

– Rentrez vos griffes, j'arrive ! Vraiment, quelle horrible nuit !

Le gnome s'éclaircit la voix et regarda son papier. Avec un soupir, il commença à lire :

– Les équipes portant les numéros allant de un à neuf iront avec le capitaine Masticor. Les équipes portant les numéros dix à dix-neuf, avec le lieutenant Nerfus ; vingt à vingt-neuf, avec le lieutenant Verna.

Nabo continua ainsi, et Rollo fut sur les charbons ardents jusqu'à ce qu'il dise :

– Les équipes portant les numéros quatre-vingt-dix à quatre-vingt-dix-neuf…

Les oreilles du jeune troll se dressèrent.

– … vous irez avec le sergent Cranium.

Le sergent Cranium ! pensa Rollo. Il regarda le capitaine Masticor et vit que l'ogre souriait.

Le sergent Cranium ne portait pas bien son nom, car il lui manquait la moitié du crâne. Une gamelle avait été fixée sur sa tête à la place des os. Cette opération remontait à assez loin à en juger par les plis de la peau autour du métal.

Cet ogre était un des plus anciens, semblait-il. Son pelage miteux était strié de gris et ses crocs étaient ébréchés. Il traînait les pieds en marchant et frappait le manche de sa hache contre sa jambe.

Rollo était debout devant Cranium en compagnie d'une centaine de trolls et tous tremblaient de peur. Trois ogres se tenaient à leurs côtés, affichant un sourire narquois. Une hache gisait aux pieds de Rollo, mais le troll craignait d'y toucher avant d'en avoir reçu l'ordre.

– Moi, sergent Cranium, dit l'ogre d'une voix rauque qui rappelait les croassements de Vieux Rot. Et vous… misérables, têtards des marais !

Il cracha à travers ses crocs usés.

– Nous laisser fées transformer vous en jonquilles. Nous entraîner vous à vous battre. Peut-être vous retenir fées et elfes avant arrivée braves ogres… Vous prendre armes !

Le sergent leva sa hache et décrivit un cercle dans les airs.

– Ce n'est qu'un morceau de bois. Si vous pas gourdin, vous lever main. Nous donner un à vous.

Au bout de quelques minutes, tout le monde avait une hache à la main, un gourdin ou quelque chose du genre. Le sergent hocha la tête d'un air satisfait.

– Nous apprendre d'abord à vous comment parer coups. Parer vouloir dire bloquer adversaires. Si eux attaquer, vous devoir rester en vie. Besoin trolls pour construire pont.

Le sergent Cranium empoigna les trois trolls qui étaient près de lui et les fit sortir du rang.

– Moi tourner dos à vous, pauvres têtards. Vous courir après moi avec gourdins. Vous planifier attaque. Si vous frapper moi, trolls pouvoir manger.

C'était une bonne affaire et les trolls chuchotèrent des mots d'encouragement à leurs compagnons. Cranium se tourna et laissa son gourdin pendre le long de sa jambe. Les trois trolls avaient l'air déterminés malgré la peur. Il n'arrivait pas souvent qu'un ogre invite trois trolls à le frapper.

En chuchotant vivement, les trolls décidèrent comment agir. Rollo remarqua que les autres ogres plaisantaient entre eux. Peut-être savaient-ils ce qui allait arriver.

Bedono se tourna vers lui en souriant.

– Je pense que nous allons manger bientôt.

– Ne compte pas là-dessus, répondit Rollo.

Les trois trolls se retournèrent, résolus à combattre. L'un d'eux contourna le sergent et se plaça en face de lui pendant que les deux autres l'attaquaient par-derrière. Rollo se dit que c'était un bon plan : Cranium serait distrait par celui qui l'attaquait par-devant ; il ne verrait pas les deux autres en arrière.

Le premier troll se rapprocha en agitant son gourdin. Cranium s'inclina, l'empoigna par le bras et le rejeta en arrière de lui, de façon à ce qu'il retombe sur ses compagnons qui roulèrent en tas.

L'ogre se retourna et s'avança vers eux.

– Debout, espèce de têtards de fond de marais !

Les trolls devinrent enragés ; ils se relevèrent et foncèrent sur le vieil ogre. Saisissant la poignée de la hache à deux mains, celui-ci para les coups et repoussa ses adversaires. Puis Cranium s'accroupit et les frappa aux genoux d'un coup de gourdin.

Les trois trolls s'affaissèrent sur le sol, se prenant les genoux et gémissant. Autour de Rollo, les recrues murmuraient d'un air ébahi.

– Moi aimer frapper bas, expliqua Cranium. Ennemi pas aller loin avec moignons. Mais si vous baisser, vous risquer être assommés.

Tout en parlant, le vieil ogre grattait délicatement la gamelle de métal sur sa tête, comme si cela lui rafraîchissait la mémoire et qu'il se rappelait le coup qu'il avait déjà reçu lui-même.

– Maintenant, vous trouver partenaire, dit le sergent. Nous entraîner à parer.

Toute la nuit, les coups de gourdin résonnèrent pendant que les trolls s'entraînaient à se défendre. Les chocs étaient entrecoupés de cris de douleur quand les trolls manquaient leur coup. Rollo commença à s'entraîner avec Bedono, mais celui-ci était trop petit et Rollo heurtait souvent sa tête. Il changea de partenaire et continua avec Orteillas, un adulte de grande taille.

Ça, c'était du sport ; il était gros et fort et avait des réflexes rapides. En fait, le jeune troll devait y aller doucement avec Orteillas. Quand ils firent la pause, tous les trolls étaient épuisés et avaient les articulations endolories.

– Attaquer, plus facile, déclara Cranium de sa voix rauque. Juste fendre quelque chose. Fendre genou, fendre tête, fendre poitrine… ça, bon.

Les trolls s'entraînèrent pendant des heures jusqu'à ce qu'ils soient tous éreintés. Lorsque Cranium leur donna l'ordre d'arrêter, le soleil commençait à poindre à l'est, au-dessus des collines embroussaillées.

– Demain, jeux de guerre, promit-il, un sourire sur ses lèvres pendantes. Avant, manger, devenir forts.

Après ces exercices et un gros repas, Rollo se sentit fatigué, mais heureux. Cependant il s'interrogeait sur la raison de tout ce remue-ménage. Au-delà de la rivière tumultueuse et des plaines arides se trouvait le véritable ennemi, le Gouffre.

Peut-être les elfes et les fées ne voulaient-ils pas de pont menant jusqu'à leur forêt. Et peut-être ne souhaitaient-ils pas visiter Crachoutos non plus. En fait, les fées pouvaient voler, de sorte qu'elles pouvaient s'y rendre en tout temps.

Rollo voulait savoir pourquoi ce projet était important pour Styxus Rex. Le sorcier était la clé du mystère; personne d'autre ne voulait de ce pont. Le jeune troll n'avait jamais remis en question le chef de Crachoutos. Styxus Rex n'était qu'une image accrochée au mur. Rollo se rendait compte à quel point le sorcier exerçait un grand pouvoir sur leur existence.

La plupart des trolls, comme Bedono, ne se plaignaient pas. Ils étaient contents de bien manger et de voir du nouveau. Mais Rollo pressentait que tout ça allait finir bientôt.

CHAPITRE DIX

JEUX DE GUERRE

Lorsque le crapaud coassa le soir suivant, Rollo et ses compagnons se levèrent en toute hâte et se précipitèrent hors de la baraque. Une fois de plus, ils crurent pouvoir manger les premiers en récompense de leur rapidité. Des goules et des ogres les attendaient avec des mines piteuses et les forcèrent à se placer en rangs serrés.

Une fois les autres huttes vides, tous les trolls furent conduits à la rivière. Rollo redoutait une autre promenade dans les rapides glacés. Bedono était de bonne humeur comme à l'accoutumée.

– Qu'est-ce que tu crois que nous aurons pour déjeuner ? demanda-t-il. Des lézards frits avec une purée de sangsues ?

– D'abord un peu de magie, répondit Rollo en contemplant l'épaisse brume qui flottait au-dessus de la rivière. J'espère qu'ils réussiront à la traverser cette fois-ci.

– Ne t'inquiète pas pour le patron, dit Bedono. Il s'y connaît en magie. As-tu vu comment il a réussi à voler au-dessus de la rivière ? Il a des nerfs d'acier.

– Mais lui seul a réussi à le faire, chuchota Rollo.

Il contemplait la masse de trolls. Certains étaient abattus, d'autres avaient un air réjoui, mais en général ils s'étaient résignés à leur sort.

– Pour réaliser ses plans, il lui faudra beaucoup de magie, murmura-t-il.

– Silence ! grogna un ogre d'un air maussade.

Il ne s'adressait pas précisément à Rollo mais le jeune troll obéit.

En peu de temps, ils gagnèrent la rive. Rollo examina le courant pour vérifier si le câble de sécurité était encore tendu au-dessus de la rivière glacée. Le câble était là et les trolls attendaient sur la rive. Il y avait sans doute d'autres trolls de l'autre côté des rapides.

Rollo ne voulait même pas s'imaginer être entraîné par le courant et plongé dans la brume.

La bande de larbins se tut. Rollo se tint sur la pointe des pieds et regarda par-dessus les têtes et les oreilles dressées. Il aperçut Nabo, puis le général Bavant et, enfin, Styxus Rex en personne. Quatre ogres se postèrent bravement au bord de l'eau. Le capitaine Masticor était parmi eux.

Il était inutile d'annoncer ce qu'ils allaient faire, cela se lisait sur le visage du sorcier. Il allait faire voler les quatre ogres au-dessus de la rivière ou leur donner leur premier bain depuis des années.

– De la bonne bouffe et des jeux, chuchota Bedono en riant.

Quand Styxus Rex leva les bras, Rollo faillit fermer les yeux. Mais il devait regarder ce qui allait se passer et voir ce qui arriverait au capitaine Masticor. Ce serait bien s'il était emporté par le courant, même si Rollo ne souhaitait cela à personne.

Trois ogres s'élevèrent dans les airs. Seul le capitaine Masticor demeura fixé au sol. Il sautilla en essayant de rejoindre les autres mais en vain. *Il est trop gras,* pensa Rollo, *il se sert trop dans les poubelles de la maison.*

Au début, tout se déroula à merveille. Les trois ogres lévitaient au-dessus de l'eau et ne semblaient rien redouter. Lorsque la brume les enveloppa, ils descendirent vers les rapides. Mais Rollo se rappela que Styxus Rex avait fait de même en traversant la rivière.

Le magicien était debout sur la rive brumeuse et remuait les bras comme une marionnette. Un pli profond marquait son front ; il s'efforçait de se concentrer. Les ogres continuaient à descendre.

Lorsque les vagues effleurèrent leurs pieds, c'en fut trop pour deux d'entre eux. Ils commencèrent à crier et à agripper l'air comme s'ils essayaient de gravir une échelle invisible. Ils s'écroulèrent dans l'eau, s'enfonçant dans les rapides tumultueux.

Le dernier ferma les yeux. Il ne semblait pas avoir peur. Mais il demeurait suspendu dans les airs, semblable à une vieille lanterne. Il ne pouvait ni avancer ni reculer.

Le sorcier agita sa main avec dédain et le troisième ogre tomba dans l'eau. Styxus Rex semblait dépité, mais il ne s'évanouit pas. Il s'entretint brièvement avec Nabo et le général Bavant, puis se réfugia au fond d'un trou dans le sol.

Le capitaine Masticor semblait gêné d'avoir échoué, n'ayant même pas réussi à décoller du sol. Il se précipita vers le câble de sécurité pour repêcher ses amis.

Les gardiens donnèrent aux travailleurs l'ordre de se rendre au campement pour le petit-déjeuner, ce qui eut pour effet de les réjouir. Les trolls marchèrent joyeusement, heureux à l'idée de pouvoir avaler un autre bon repas avant d'accomplir cette tâche dangereuse.

Même s'il s'inquiétait pour sa famille, Rollo aussi était heureux. Peut-être ses amis et lui auraient-ils la chance de bien manger pendant quelques jours encore, avant de constater l'échec et de conclure qu'ils n'avaient plus rien à voir dans cette histoire. Enfin, ils pourraient rentrer à la maison. À côté de la rivière Glacia, les marécages de Trollville ressemblaient à un paradis.

Après le petit-déjeuner, Rollo, Bedono et les autres membres de l'équipe se rendirent au terrain d'exercice. Ils y trouvèrent des piles et des piles de pots de fleurs. Tous étaient vides. C'étaient des pots en terre cuite, bruns ou rouges, marqués de rayures jaune vif.

Le cœur de Rollo ne fit qu'un tour, croyant qu'ils allaient passer le reste de la nuit à jardiner. L'aventure commençait à peine, et voilà qu'il fallait accomplir des besognes ennuyeuses.

Devant leur air déçu, le sergent Cranium éclata de rire.

– Oh, non, vous pas creuser terre. Vous être soldats maintenant ! Pas trolls. Vous mettre casques.

Des casques ? pensa Rollo, un peu troublé. Il ne voyait pourtant que des pots de fleurs.

Bedono ramassa un des contenants et l'enfonça sur sa tête en laissant pendre ses oreilles. Il redressa le pot.

– Hé ! dit-il d'un air ravi, ça me va bien !

Ébahi, Rollo ramassa un des pots vides. Il tenta de s'en coiffer mais le pot était trop petit.

Il en trouva un autre qui lui convenait assez bien, qui avait un trou en dessous et qui laissait passer l'air. Sinon, porter un pot de fleurs pouvait donner très chaud, découvrit Rollo.

Il regarda autour de lui et vit une centaine de trolls coiffés de pots, l'air aussi stupide que lui-même. *D'accord, nous avons nos casques. Et après ?*

– Vous prendre armes ! grogna Cranium.

Rollo comprenait comme tout le monde ce que ça voulait dire. Les trolls se précipitèrent vers le tas de manches en bois et chacun prit un gourdin.

– Tous en rang ! Présenter armes ! ordonna le sergent.

Il procéda à une brève revue des troupes en compagnie de ses aides, vérifiant que chaque troll portait un casque et avait une arme.

Le vieil ogre parut satisfait.

– Moi avoir promis jeux. Ceci combat sans vraies armes, comme ragoût sans larves. Pot de fleurs être votre tête. Si ennemi briser pot, vous être mort.

De ses jointures poilues il racla le dôme de métal sur sa tête et poursuivit :

– Prendre soin tête ! Vous utiliser méninges. En l'honneur de costume, vous devoir gagner. En avant, marche !

Bedono ne se tenait plus de joie pendant qu'ils avançaient dans l'obscurité, mais Rollo ne partageait pas son enthousiasme. Il était certain qu'il allait recevoir un coup sur la tête. Il devait se défendre ou on lui briserait le pot de même que le crâne.

Ils atteignirent enfin un champ bien éclairé, bordé de broussailles et de cactus. Les ogres, les goules et les gnomes les entouraient en tenant des lanternes. Rollo constata que ces observateurs formaient les limites de l'arène. Au loin il aperçut une autre bande de trolls portant des casques aux rayures rouges.

Les deux armées se toisèrent. *Sont-ils aussi nerveux que je le suis?* se demanda Rollo. *Je présume que oui.*

– Notre bannière! cria une voix rauque.

Rollo se retourna et vit le sergent Cranium planter un piquet dans la terre: il déroulait un drapeau à rayures jaunes.

– Ennemi avoir drapeau rouge! expliqua-t-il.

– Vous prendre drapeau eux et eux pas prendre drapeau nous.

Les yeux chassieux du vieil ogre se rétrécirent et il siffla:

– Cranium pas aimer perdre.

Les gnomes s'avancèrent et répétèrent les règles du jeu. «Un pot de fleurs brisé, vous êtes morts et vous devez vous retirer du jeu.» Rollo pouvait imaginer que plusieurs trolls allaient briser eux-mêmes leur propre pot. Ainsi, ils s'échapperaient de ce jeu stupide avant de se faire mal.

Pas lui! Pour une raison ou une autre, il voulait montrer ce qu'il valait à ces gnomes et à ces ogres. Ils pensaient que les trolls ne pouvaient pas se battre, mais Rollo avait rencontré pas mal de durs à cuire parmi les trolls. Dans les marais, ils combattaient les crocodiles et les pieuvres à mains nues.

– Rollo, que vas-tu faire? demanda Bedono avec nervosité.

Le jeune troll secoua ses larges épaules.

– Je ne sais pas.

– Équipes quatre-vingt-seize et quatre-vingt-dix-neuf, vous rester à l'arrière et protéger drapeau, ordonna le sergent Cranium. Autres, à l'attaque!

– Je crois que nous allons attaquer, dit Rollo.

– Pas moi, chuchota Bedono en reculant. Je viens d'être muté dans l'équipe quatre-vingt-dix-neuf. Désolé!

– Êtes-vous prêts? cria un gnome. À mon signal, attaquez.

Il porta une corne à ses lèvres et Rollo sentit des vers grouiller dans son ventre. Cette pensée lui donna de l'appétit, mais il était mort de peur.

Ce n'est qu'un jeu, se dit-il. *Tu as fait des trucs plus stupides que ça, comme te balancer au bout d'une liane au-dessus du Trou.*

Le gnome souffla dans sa corne, émettant un horrible couac. Le sergent Cranium hurla de toutes ses forces :

– Chargez !

Les trolls poussèrent un gémissement de peur. Certains d'entre eux se précipitèrent en avant, d'autres avancèrent à pas de loup et les autres s'enfuirent dans l'autre sens. Mais il n'y avait pas vraiment d'endroit où se réfugier dans la plaine déserte. Tout le monde devait soit se jeter dans la mêlée ou être éliminé.

Rollo ne bougeait pas ; un plan se dessinait dans sa tête. C'était une ruse qui ressemblait aux inventions de sa sœur.

Il courut vers Bedono.

– Allez ! viens ! cria-t-il. Monte sur mes épaules.

– Quoi ? demanda le petit troll.

– Assieds-toi sur mes épaules, tu seras plus haut, personne ne pourra briser ton casque.

Bedono comprit et ses yeux s'agrandirent de plaisir. Déjà les coups retentissaient à travers la nuit ; les équipes s'affrontaient dans la bataille. Il n'y avait pas de temps à perdre.

Rollo s'accroupit et Bedono sauta sur ses épaules, nouant ses jambes autour de la grosse tête du troll. Ce dernier poussa un grognement et se redressa comme un géant. Non seulement personne ne pouvait atteindre la tête de Bedono, mais chacun avait la possibilité de se servir de son gourdin pour protéger le pot de fleurs de Rollo.

Le géant troll se lança dans la bataille, armé de deux gourdins. Lorsque l'ennemi bloquait le coup de Rollo, Bedono assenait un coup à l'adversaire et vice versa. Le géant troll démolissait les pots à gauche et à droite, envoyant rouler les ennemis sur les côtés. Bedono protégeait sa tête, ce qui permettait à Rollo d'attaquer.

– Attention à gauche ! cria Bedono pour le guider. En travaillant ensemble, ils étaient d'une force redoutable. Les trolls de l'équipe des jaunes se rallièrent au géant troll, et Rollo dirigea l'attaque.

Rollo éprouvait une étrange sensation, comme s'il planait au-dessus de la bataille et pouvait voir toute la scène. Il voyait les ogres de l'autre équipe, ordonnant aux soldats de s'en prendre à lui. Mais c'était inutile, car ses amis formaient un bouclier autour de sa personne. La bataille faisait rage et Rollo progressait vers le drapeau rouge.

La crainte céda bientôt à la détermination. Rollo aperçut le drapeau ennemi dans le coin du champ. Il ne savait pas ce qui se passait derrière lui, mais le but était en vue ! Il brisa deux pots de fleurs, tout en lorgnant le prix.

– Ça, c'est tricher ! cria un ogre qui courait sur les côtés. Le troll jaune est un tricheur !

– Ne t'occupe pas de lui, dit Bedono. Nous y sommes presque !

Ayant la victoire à portée de la main, l'équipe des jaunes fut envahie par un regain d'énergie. Rollo n'avait rien à faire ; il était entraîné dans une course folle pendant que volaient les coups de gourdin et les éclats de poterie. Les défenseurs de l'équipe des rouges se tassèrent sur les côtés, heureux d'échapper au massacre.

Le drapeau rouge était à un bras de distance et les trolls s'écartèrent pour laisser au géant jaune l'honneur de le saisir. En poussant un cri de victoire, Bedono s'inclina au-dessus de la tête de Rollo et arracha le bout de tissu rouge. Leurs compagnons acclamèrent les deux trolls en poussant des cris de joie et Bedono descendit des épaules de Rollo.

Des douzaines de trolls riaient de bon cœur et se tapaient dans le dos en roulant les uns sur les autres. Rollo était écrasé sous la masse mais il était le plus heureux de tous.

– Attention ! firent les ogres.

La pyramide se décomposa et Rollo put enfin se relever.

Le sergent Cranium lui sourit d'un air crâneur.

– Bien ! dit-il en s'adressant directement à Rollo. Bonnes méninges !

– Il a triché, lança une voix.

Rollo se retourna pour voir qui avait parlé et le sourire s'effaça de son visage.

Le capitaine Masticor le dévisageait, vêtu d'un uniforme rouge.

– Toi ! J'aurais dû me douter que c'était toi, espèce de braconnier, de fauteur de troubles !

– Lui pas tricher, lança Cranium. Pas de règle contre ça. Troll intelligent. Toi devoir moi un pot de vers solitaires marinés.

Fou de rage, le capitaine n'écoutait pas le vieux guerrier. Il ne quittait pas Rollo des yeux.

– C'est la dernière fois que tu me provoques.

– Laisse tomber, Masticor, dit une autre voix.

Rollo se retourna et aperçut l'ogresse, Verna, émergeant de la brume.

– Vous n'avez pas encore compris que ce troll n'est pas comme les autres ?

– Oh, c'est vrai qu'il a quelque chose de spécial, marmonna Masticor. Et j'ai une petite mission spéciale pour lui et son équipe.

Une lueur brillait au fond de ses yeux porcins tandis qu'il s'éloignait.

CHAPITRE ONZE

IL ÉTAIT UNE FOIS UN HÉROS

– Avez-vous vu le géant démolir leurs pots ? s'exclama Orteillas en ricanant.

Les membres de l'équipe quatre-vingt-treize étaient allongés sous la hutte, mais personne ne dormait.

– Ce monstre à deux têtes s'est faufilé comme une sangsue, dit-il.

La hutte était secouée par les acclamations de joie et les applaudissements. Tout le monde félicitait Rollo en lui donnant des tapes dans le dos. Il avait beau leur dire de se calmer, que c'était l'heure de dormir, ils étaient survoltés. Le ciel gris-rose annonçait l'aube mais rien ne brillait davantage que leur victoire.

– Combien de pots a-t-il brisés ? demanda Moisine, la troll la plus âgée du groupe.

– Je ne sais pas, répondit Bedono. Rollo, combien de pots avons-nous brisés ? Trente ? Quarante ?

– Pas autant que ça, assura le gros troll en souriant. Maintenant, il faut dormir.

– Et as-tu vu ce gros ogre? Il était sur le point d'éclater, lança Orteillas en pouffant de rire. Il a dit qu'il avait déjà eu affaire à toi. Que s'est-il passé?

– C'est une longue histoire. Si vous vous couchez, je vous la raconterai ce soir.

Rollo s'étira. Tous ses muscles étaient endoloris.

– Ouais, allons dormir, approuva Bedono en bâillant. C'est ce que souhaite le patron.

Le patron, se dit Rollo, amusé. *Il ne parle pas de Styxus Rex, il parle de moi.*

Le jeune troll venait à peine de fermer les yeux, lui sembla-t-il, quand la couverture qui masquait l'entrée de la hutte s'entrouvrit et que le soleil envahit la pièce. Tout le monde grognait en tentant vainement de se protéger de la lumière.

– Qui est-ce qui nous réveille au beau milieu de la journée? murmura Moisine.

Un ombre élancée se tenait sur le seuil.

– C'est moi, le général Bavant. Rassemblez-vous immédiatement.

Le fouet siffla et les trolls se levèrent aussitôt. Ce fut la bousculade. En clignant des yeux sous le soleil qui fondait à l'ouest, les membres de l'équipe quatre-vingt-treize se mirent en rangs.

Lorsque Rollo regarda autour de lui, il fut frappé par le nombre de dignitaires qui les attendaient. Le gnome était là. Nabo était accompagné de plusieurs ogres parmi lesquels il reconnut Masticor et Verna. Le général Bavant était à leur tête, le visage caché par son capuchon.

– Bonjour, dit Nabo en jetant un coup d'œil à Rollo.

Le gnome s'éclaircit la voix et fronça les sourcils d'un air grave.

– Vous et votre équipe avez l'honneur d'avoir été choisis. C'est un très grand honneur.

Rollo sentit son estomac descendre dans ses talons.

– Oui, vous êtes les premiers trolls qui auront l'honneur de voler au-dessus de la rivière Glacia. Plus tard, vous planerez au-dessus du Gouffre, grâce aux pouvoirs magiques de Styxus Rex.

– Oh non ! s'exclama Bedono en s'évanouissant.

Rollo ne broncha pas mais il ne put s'empêcher de jeter un coup d'œil au capitaine Masticor. Le géant souriait.

– J'ai suggéré votre équipe, fit le gros ogre, après la raclée que vous avez infligée à mon équipe la nuit dernière. Et parce que vous nous avez beaucoup aidés.

– Nous avons besoin d'un troll intelligent pour accomplir cette mission, ajouta Nabo d'un air grave. Il s'agit de toi, Rollo, et de tes amis aussi, bien entendu.

– Je pensais que seuls les ogres et les goules pouvaient se prêter à la magie, couina Rollo.

– Nous le pensions également, dit le général Bavant, en l'aspergeant de salive. Mais ils ne sont pas très doués.

La goule se pencha vers Rollo. Son visage ressemblait à celui d'un crocodile décharné.

– Voici l'occasion de redorer le blason des trolls. Voler n'est pas impossible, le maître m'a fait voler à plusieurs reprises. Vous devez dominer votre peur.

Nabo trottina vers Rollo et leva les yeux vers lui.

– Réglons ça à l'amiable, d'accord ? supplia le gnome. Comme ça, nous n'aurons plus à nous lever aussi tôt.

– Tu peux réussir, assura Verna en l'encourageant. Tu n'as qu'à te concentrer.

– Alors pourquoi n'y vas-tu pas toi-même ? demanda Rollo.

– Es-tu fou ? Je risque de me noyer.

Elle riait aux éclats et lui tapait dans le dos.

– Allez, venez, le soleil ne se couchera que dans une heure. Vous avez le temps de manger un petit quelque chose.

Bedono se redressa et secoua la tête.

– Un petit quelque chose ? Ça va de plus en plus mal.

Ça allait mal, en effet. Rollo n'était plus un héros aux yeux de son équipe, c'était un nul. Personne ne s'assit avec lui pendant le petit-déjeuner, pas même Bedono. Même les ogres se tinrent à l'écart, à l'exception du cuistot et de Verna, qui veillaient à ce qu'ils ne se goinfrent pas trop.

Les trolls de l'équipe quatre-vingt-treize mangeaient en silence, tripotant leur nourriture comme des prisonniers condamnés à mort. Rollo n'en pouvait plus. Il fracassa son écuelle et assena un coup de poing sur la table.

– Écoutez-moi, dit-il, je sais que vous m'en voulez et que vous avez peur. J'ai peur, moi aussi. Mais il s'agit de défendre notre honneur.

Ils le dévisagèrent comme s'il était devenu fou. Rollo poursuivit :

– Nous sommes des trolls, nous avons passé notre vie sous les ponts. À nous cacher. Nous ne voulions être vus de personne. Eh bien, on nous a remarqués. Ils veulent que nous fassions quelque chose de spécial, quelque chose que ni les ogres ni les goules ne peuvent faire.

Les trolls avaient cessé de manger. Ils l'écoutaient attentivement.

– N’avez-vous jamais eu l’impression que vous pouviez voler ? fit Rollo d’un air rêveur. N’avez-vous jamais regardé les libellules et les corneilles en vous demandant ce qu’elles ressentent en volant ? Je l’ai fait. Et je sais que nous pouvons tous le faire. Si vous avez regardé comment font les autres, vous avez constaté la même chose que moi. Ceux qui ont volé au-dessus de la rivière y sont parvenus jusqu’à ce qu’ils cèdent à la panique. Je crois qu’ils avaient peur de l’eau, mais nous, nous avons vécu au bord de l’eau toute notre vie. Je n’ai vu ni crocodile ni pieuvre dans cette rivière.

Les autres riaient nerveusement. Rollo ajouta :

– Si vous cédez à la peur, vous n’aidez pas Styxus Rex à vous maintenir dans les airs. Si vous vous détendez et si vous vous laissez flotter, ça lui facilite la tâche. Il pourra même vous faire voler jusqu’à Trollville. Vous savez, chuchota Rollo, ils vont essayer de nous faire voler que nous acceptions ou non. Vous savez bien qu’ils croient que nous allons échouer. Prouvons-leur qu’ils ont tort ! Si nous échouons, nous en serons quittes pour prendre un bain. Et au mieux, nous deviendrons des héros.

Le jeune troll contempla les visages abattus.

– Reste à savoir si vous voulez rester terrés sous les ponts toute votre vie ou essayer de faire preuve de bravoure et accomplir quelque chose d'important.

– D'accord, dit Orteillas, d'un air penaud. Ce jeune têtard croit qu'on peut le faire, alors, essayons. Montrons-leur que nous sommes aussi bons que les autres !

Les autres murmurèrent leur approbation malgré le doute qui subsistait dans leur esprit. Bedono secouait la tête. Il était épaté.

– Rollo, tu pourrais vendre de l'eau croupie à Trollville.

***

Rollo et son équipe étaient déjà sur la rive quand des milliers d'ogres et de trolls les rejoignirent pour assister à la scène. Les spectateurs avaient l'air plus horrifiés que les cobayes. *Styxus Rex n'épargne personne,* se disaient-ils, *il s'en prend même aux trolls.*

Bedono se comportait déjà en héros ; il souriait et saluait la foule. Rollo attendait patiemment en se disant de ne pas avoir peur. *Je vais voler,* se répétait-il. Il scruta la foule, ses yeux cherchant Styxus Rex, mais le grand sorcier se préparait sans doute à faire son entrée en grande pompe.

Enfin le cortège arriva. Il était composé des gnomes et des goules, devancés par Nabo et le général Bavant. Puis le célèbre sorcier apparut, affichant un air sombre et sinistre. Il se plaça devant Rollo et son équipe en les regardant d'un air vague, comme s'il n'avait jamais vu un troll de sa vie.

La plupart d'entre eux détournèrent la tête sous ses yeux perçants, mais Rollo soutint son regard. Il y avait beaucoup de sagesse dans le visage hagard du sorcier, mais aussi beaucoup de cruauté et de ruse.

– N'as-tu pas peur ? demanda le sorcier en fixant Rollo droit dans les yeux.

– Non, monsieur, couina le jeune troll. Je vais voler.

– En effet, vous allez voler. Vous allez planer dans l'histoire.

Styxus Rex agita les bras et baissa la tête.

– Silence, tous, pendant que je me concentre.

Rollo avala sa salive et tourna les yeux vers les remous de la rivière recouverte d'une couche de brume. Il était persuadé de voir des glaçons flotter dans la rivière Glacia. Le jeune troll murmura à son équipe :

– Souvenez-vous, nous pouvons réussir. Tenons-nous tous par la main.

Il prit une main de Bedono, et Moisine attrapa l'autre. La douzaine de trolls formèrent un cercle en se tenant par la main comme des petits enfants. Rollo sentit la force rayonnante de ses compagnons et constata à quel point ils étaient nobles. Son père affirmait que les trolls avaient déjà formé dans le passé un peuple puissant.

Combien de temps demeurèrent-ils à frissonner dans l'obscurité, le jeune troll n'aurait su le dire. Soudain il éprouva une sensation de légèreté dans l'estomac. Il jeta un coup d'œil au vieux sorcier. Les yeux de Styxus Rex étaient révulsés et sa bouche prononçait des sons gutturaux étranges. Puis d'un mouvement sec, le sorcier tendit ses bras vers le ciel. Les pieds de Rollo quittèrent aussitôt le sol. Il serra la main de ceux qui étaient à ses côtés.

– Nous pouvons le faire, dit-il avec force. Nous, les trolls, nous pouvons faire tout ce que nous voulons.

Rollo n'avait jamais volé de sa vie, mais c'était plutôt amusant. C'était une sensation qui ressemblait à celle qu'il éprouvait quand il se balançait au bout d'une liane au-dessus du Trou. Sauf que la liane était invisible. L'air frais lui fouettait le visage, et les rapides éclaboussaient ses pieds, mais il n'avait pas peur.

Il volait et c'était merveilleux !

Rollo devinait que certains membres de son équipe n'avaient pas le cœur à rire. Il aperçut le pâle visage de la lune au-dessus de lui, voilé de minces nuages.

– Regardez, dit-il. C'est ce que nous sommes. Des nuages flottant au visage de la lune.

La brume les enveloppait et il était facile de croire qu'ils étaient eux-mêmes des nuages. Ses compagnons contemplaient la lune et il sentit la confiance les gagner. Sur la rive, les spectateurs applaudissaient et des encouragements fusaient de plus en plus fort. Rapidement, la bande de trolls se retrouva en train de planer au-dessus des vagues en prenant de plus en plus de vitesse.

Bedono riait aux éclats et Orteillas poussait des cris de joie. Ils ne faisaient pas que flotter, ils volaient.

Et soudain Rollo sentit le sol ferme sous ses pieds. Ils furent tous surpris d'atterrir si vite et ils roulèrent les uns sur les autres. Les trolls touchaient leurs vêtements pour vérifier s'ils étaient secs. Ils l'étaient !

Ils regardèrent autour d'eux et aperçurent deux ogres ébahis qui tenaient des lanternes. Il n'y avait personne d'autre en vue. Ils étaient sur la rive la plus reculée de la rivière.

– Oh, c'était facile, glousa Moisine. Est-ce qu'on peut recommencer ?

– Je t'avais dit que les trolls pouvaient voler, dit Orteillas d'une voix grave.

Un tonnerre d'applaudissements s'éleva de l'autre rive. Tous les trolls fêtaient l'exploit. Un des ogres s'approcha du groupe, son visage empreint d'une telle émotion que Rollo faillit ne pas le reconnaître. C'était le capitaine Masticor. Pour la première fois, il était bouche bée en fixant le jeune troll.

Rollo était si heureux qu'il serra le gros ogre dans ses bras. Masticor, décontenancé, ne le repoussa pas.

– Nous avons réussi! criait Rollo. Vous avez eu confiance en nous!

– Moi? demanda Masticor avec étonnement.

Il se gratta une défense.

– C'est vrai, c'est moi qui vous ai choisis. Peut-être que je serai promu.

– Vous le méritez! dit Rollo avec entrain.

Le gros ogre hocha la tête et murmura:

– Il semble que je me sois trompé sur ton compte, jeune voyou. Tu n'es pas comme les autres trolls.

– Et vous, vous n'êtes pas comme les autres ogres, répondit Rollo d'un ton enjoué.

CHAPITRE DOUZE

UNE TOURNÉE DE RECONNAISSANCE

Styxus Rex était très satisfait de sa bande de trolls volants. Il leur expédia une grande tente et des victuailles. Rollo et son équipe furent invités à demeurer de l'autre côté de la rivière dans le nouveau camp. Le sorcier annonça que les trolls qui voulaient voler recevraient un traitement spécial.

Cette nuit-là, l'équipe quatre-vingt-treize fit la fête et s'amusa pendant que les autres trolls travaillaient à fabriquer des planches pour le pont. Masticor et les ogres les traitaient comme des princes. C'était le paradis, et le jeune troll s'attrista de voir que la nuit prenait fin.

Devant l'éclat de son succès, les craintes de Rollo s'évanouissaient. Il était désormais convaincu qu'un pont pouvait être construit au-dessus du Gouffre. Et si ces crétins d'elfes et ces crétines de fées n'aimaient pas ça, tant pis pour eux et tant pis pour elles.

Rollo s'endormit en rêvant à la gloire de Crachoutos.

Le lendemain, le soleil envahit la hutte. Les trolls murmuraient et grognaient, puis ils se rappelèrent qu'ils étaient devenus des gens importants. Si Crachoutos avait besoin d'eux, ils devaient être debout à midi.

Un visage hideux assombrissait l'entrée. Bedono dit :

– Général Bavant ! Avez-vous besoin de nous ?

– Pas toi. Seulement Rollo, siffla la goule.

– Mais nous formons une équipe, insista Bedono.

– Rollo, dehors.

La goule laissa retomber la couverture et disparut dans un coup de vent.

– Je reviendrai bientôt, fit Rollo en se levant. Je l'espère.

– Garde-nous quelque chose à manger ! cria Bedono.

Rollo tituba jusqu'à la porte et sortit dehors en clignant des yeux devant le soleil. Il ne savait pas à quoi s'attendre et il fut déçu en apercevant seulement deux silhouettes. Elles portaient de larges capuchons et il ne savait pas laquelle était le général Bavant. Il se dit que l'autre était sans doute une goule.

– Je suis là, mon général.

Rollo entendit quelqu'un émettre un sifflement. Il tourna la tête et vit apparaître trois chevaux entièrement trempés.

– Bien, répondit la goule. Sais-tu monter à cheval ?

Le troll secoua la tête.

– Je ne sais pas, je n'ai jamais essayé.

– Si tu peux voler, tu peux chevaucher, assura l'autre goule.

Seulement voilà, ce n'était pas une goule. Lorsque le soleil frappa son visage, Rollo eut la surprise de constater qu'il s'agissait de Styxus Rex en personne.

– Voici ton cheval, dit le sorcier en lui montrant un étalon ombrageux à la robe grise.

Le jeune troll marcha d'un pas hésitant vers le cheval. En le voyant, la bête renâcla et recula.

– Pourquoi sont-ils trempés ? demanda-t-il.

– Nous avons dû passer à gué la rivière, bafouilla le général Bavant en crachant un long jet de salive sur le troll. Ne me demande pas où se trouve ce passage. C'est un secret, alors restons-en là.

La goule prit les rênes du cheval et les tendit à Rollo. Le jeune troll regarda les brides de cuir d'un air médusé.

– Les trolls ne savent vraiment pas monter à cheval ? lança Bavant.

– Non, dit Rollo, on ne nous donne pas de chevaux. Ils ont peur que nous les mangions.

Styxus Rex ricana.

– Oui, nous n'avons pas très bien traité les trolls, n'est-ce pas ? Peut-être agirons-nous mieux avec toi. Nous allons d'abord effectuer une tournée de reconnaissance.

– Ah, vraiment ? Où ça ? demanda Rollo.

– Au Gouffre, répondit Styxus Rex.

Il claqua des doigts et Rollo s'éleva du sol. Ses jambes s'agitaient dans tous les sens. Le sorcier le déposa sur la selle tout en tenant les brides. Le cheval gris se cabra, puis il se calma lorsque le troll lui caressa le cou.

– Maintenant, c'est facile de te faire voler, fit Styxus Rex d'une voix grave. Les gens peuvent apprendre la magie, à condition d'être doués comme toi. En fait, Rollo, tu voleras peut-être par toi-même un de ces jours. Grâce à mes enseignements, bien sûr.

Rollo voulait demander s'ils ne pouvaient pas voler immédiatement plutôt que de chevaucher ces pauvres bestioles. Il se borna à secouer la tête en disant :

– Ce serait un grand honneur, monsieur.

Le sorcier prit les rênes de son cheval d'ébène et se hissa sur sa selle incrustée de joyaux.

– Nabo m'a dit que tu as dénoncé maître Kronck. Cela nous a beaucoup aidés, mon garçon. Il est évident que tu nous seras très utile.

– J'essaierai, monsieur, répondit le troll. Et comment va maître Kronck ?

Le sorcier lui adressa un sourire espiègle.

– Il aime bien la magie lui aussi.

Il éperonna son cheval et se dirigea vers le soleil, loin de la rivière bruyante.

Le général Bavant enfourcha son fier cheval noir et toisa le jeune troll. L'écume dégoulinait de son nez pourri et de ses lèvres minces.

– Le maître t'apprécie beaucoup, mais n'oublie pas qui est le chef ici. Lui d'abord, et moi ensuite. Toi, tu es au bas de la liste.

– Ou… ui, chef ! bredouilla Rollo.

Il voulut faire un salut mais se frappa avec les rênes.

Le général Bavant émit un son rauque, et son cheval suivit la direction qu'avait prise le sorcier. Par bonheur, le cheval de Rollo fit de même sans qu'il eût à faire quoi que ce fût. Un peu plus loin, Rollo réussit à glisser ses pieds dans les étriers. Il se sentait plus à l'aise sur la selle.

Un instant plus tard, le troll fut ravi de voir qu'ils s'arrêtaient près de l'eau pour faire reposer les chevaux. Il descendit de cheval et essaya de se redresser. Il avait mal au derrière comme si un crocodile l'avait mordu.

Je ne suis là que depuis quelques jours et tout me semble si loin, se dit Rollo. Que devenaient sa mère, son père et sa sœur ? Pleuraient-ils son absence ou étaient-ils heureux d'avoir plus d'espace et de nourriture à partager ? Ils devaient se douter qu'il était parti lui aussi, puisque le tiers du village était ici.

Et Ridicula ? Savait-elle seulement qu'il avait disparu ? Elle savait sûrement que maître Kronck avait été trollnappé. Qui s'occupait des apprentis ? Rollo éprouvait un curieux sentiment de nostalgie en pensant à son vieux marécage et à sa vie routinière. Tous les jours se ressemblaient à Trollville, pas comme ici, sous la férule des maîtres de Crachoutos.

Styxus Rex et le général Bavant discutaient ensemble. Ils jetèrent un bref coup d'œil sur une carte et décidèrent de la direction à prendre.

Ils repartirent aussitôt, filant à travers un terrain rocailleux et montagneux. Le temps semblait s'être arrêté sur cette terre de désolation bordée de rochers craquelés, d'arbres tordus et pétrifiés, et creusée de ravins remplis de cailloux noirs et brillants. Un chaos terrible s'était produit, semblait-il, il y avait très longtemps.

Que penserait Ridicula si elle me voyait maintenant ? se demanda Rollo. *Serait-elle impressionnée ?* Les compagnons du troll étaient les êtres les plus infâmes de Crachoutos. C'était un honneur de voyager avec eux, même s'ils n'étaient pas de très bonne compagnie. Évidemment, s'il ne parvenait pas à rentrer chez lui vivant, l'honneur ne valait pas grand-chose.

Styxus Rex et le général Bavant cavalaient comme s'ils étaient poursuivis par des elfes enragés. Le jeune troll admirait l'endurance du vieux sorcier. Plus d'une fois, il vit le mage fermer les yeux et proférer des jurons à voix basse. Peut-être tenait-il le coup grâce à ses pouvoirs magiques.

Alors qu'ils gravissaient une montagne, les ronces piquaient les jambes des chevaux et une odeur sulfureuse emplit l'air. Ce n'était pas l'endroit le plus réjouissant de Crachoutos. Rollo comprit pourquoi personne n'habitait dans cette région.

Ils parvinrent à destination, après avoir grimpé une douzaine de collines. Rollo avala sa salive. Le sorcier, le général Bavant et le troll ressemblaient à des nains devant l'ampleur du vide devant eux. Le précipice s'étendait sur une demi-lieue. Il était aussi long que large. Et infiniment profond, aussi.

Les murs du canyon étaient lisses comme s'ils avaient été taillés à coups de hache. La paroi révélait des strates de pierre et de terre, mais très peu de mousse et de lichen croissait dans le Gouffre. L'odeur particulière provenait d'ailleurs, beaucoup plus loin.

La différence entre les deux paysages était étonnante. De leur côté, la terre était désolée et sinistre, sans aucune trace de vie. De l'autre poussait une forêt luxuriante aussi verte que vaste. Bois-Joli semblait appartenir à une autre planète. Rollo était content de contempler cette forêt en plein jour.

– Horrible vue, n'est-ce pas? lança Styxus Rex en reniflant. Nous ferions mieux de descendre et d'attacher nos chevaux. Je veux traverser de l'autre côté pendant qu'il fait encore jour.

Rollo s'étouffa.

– Excusez-moi, maître, avez-vous dit… euh… que… que vous vouliez traverser?

– Nous devons débusquer l'ennemi là où il se trouve, dit le général Bavant.

Il descendit prestement de cheval et, d'un geste, il invita Rollo à faire de même.

– Existe-t-il un endroit qui soit moins… moins large? demanda Rollo en glissant maladroitement de sa selle.

– Le Gouffre est partout de la même largeur, répondit Styxus Rex. Il aboutit à un glacier au nord et à un volcan actif au sud. Pour l'instant, il n'y a qu'une seule façon de s'y rendre, c'est-à-dire en volant.

Rollo se mit à rire nerveusement.

– Oui, monsieur, alors nous devons le faire, n'est-ce pas? Je ne faisais que souligner le fait que c'est assez profond. Euh… qu'est-ce qu'il y a au fond ?

– Une coulée de lave qui bouillonne perpétuellement.

Le sorcier poussa un soupir.

– Nous devons fixer des filets de sécurité tout le long de la paroi pour protéger nos travailleurs. Mais nous craignons que les elfes et les fées ne nous attaquent ou ne détruisent les filets.

Il fixait le vide.

– Nous voulons simplement voir s'il y a des villages dans les environs. Peut-être n'y a-t-il ni elfe ni fée dans ce coin-ci, et nous serons tranquilles. Ou peut-être installerons-nous le pont ailleurs. Idéalement, nous devrions l'achever avant qu'ils ne découvrent quoi que ce soit.

Le jeune troll hocha la tête. Tout cela semblait logique. Cependant il n'y avait pas de filets dans le Gouffre pour l'instant. Ils risquaient de faire une chute vertigineuse et de s'enfoncer dans la lave bouillante.

Pendant que Bavant attachait les chevaux et que Styxus Rex s'asseyait sur un rocher, Rollo s'approcha à petits pas du Gouffre. Avec précaution, il y jeta un coup d'œil et sa mâchoire tomba. Il ne pouvait même pas distinguer le fond ! Il voyait bien quelques fumerolles sulfureuses, mais elles ressemblaient à des nuages. Il avait l'impression de regarder le ciel, et non pas le fond des abysses.

Le général Bavant s'approcha et lui tendit un couteau au manche d'ébène sculpté d'une tête de mort et de serpents.

– Sais-tu te servir de ceci, Rollo ?

– Ça sert à couper les cordes et les anguilles, répondit-il d'une voix où perçait l'incertitude.

– Et à couper les cous, dit la goule en émettant un sifflement. C'est un couteau spécial. Glisse-le dans ta ceinture et prends-en soin.

Bon, encore quelque chose, pensa Rollo. Il fit ce qu'on lui avait dit.

Derrière lui, Styxus Rex marmonnait, les mains dans les airs, et Rollo s'envola ! Avec l'aide du vent, le troll, la goule et le sorcier planèrent au-dessus de l'immense crevasse.

Rollo respira profondément tout en se souvenant des conseils qu'il avait donnés à ses compagnons quand ils avaient survolé la rivière Glacia : *Ne regarde pas en bas ! Imagine que tu es un nuage !*

Il y avait beaucoup de nuages dans le ciel et il n'était pas difficile d'imaginer être une de ces boules de coton flottant dans la brise. Son cœur s'allégea pendant que son estomac se détendait et Rollo reprit confiance.

Prudemment, il baissa les yeux et vit qu'il planait au-dessus de la forêt verdoyante. Ce genre d'endroit était un véritable cauchemar pour une goule. C'était une forêt exubérante et ensoleillée, peuplée d'arbres vigoureux, de fougères touffues et de merveilleuses cascades.

Rollo se disait qu'un troll digne de ce nom devrait être dégoûté devant un endroit pareil, mais il ne put s'empêcher de trouver le site enchanteur. À l'idée d'y atterrir, il gagna de la vitesse.

Il se retourna pour jeter un coup d'œil à ses compagnons et il constata qu'il les devançait. Le général Bavant semblait calme et serein ; sa cape flottait derrière lui comme une traînée de fumée noire. *Mais,* se dit Rollo, *je suppose que les morts ont souvent l'air calme et serein.* L'air toujours aussi concentré, Styxus Rex adressa un signe au troll comme s'il lui disait : « Bon travail ! » Lorsque Rollo tourna la tête pour regarder devant lui, il s'aperçut qu'il fonçait droit sur les arbres.

– Maître, à l'aide ! hurla-t-il, mais le vent emporta ses paroles.

Le troll plana dans le ciel comme une pierre lancée par une catapulte. Avec un hurlement, il s'effondra dans les boisés touffus de Bois-Joli.

CHAPITRE TREIZE

CONTACT

Les chants et les gazouillements des oiseaux réveillèrent doucement Rollo. Ces pépiements joyeux furent la première chose dont il prit conscience et la deuxième fut une douleur lancinante à la tête. Le troll toucha son front. Il constata qu'il avait une grosse bosse et se demanda comment cela lui était arrivé.

Ah, c'est vrai, je volais. J'ai dû heurter un arbre.

Rollo ouvrit les yeux et regarda les branches feuillues autour de lui. Il n'était pas difficile de heurter un arbre dans un lieu comme celui-ci. La forêt était si épaisse qu'il ne pouvait voir le ciel et il faisait aussi sombre qu'au crépuscule. L'odeur des fleurs et de la fraîche rosée s'insinua dans ses narines et ces vapeurs agréables dissipèrent peu à peu son mal de tête.

Le jeune troll demeura allongé sur le sol pendant plusieurs minutes à écouter les oiseaux. À Crachoutos, il y avait des oiseaux de basse-cour, des corneilles et des vautours. Ici, à Bois-Joli, il entendait au moins dix sortes de chants d'oiseaux. Et il pouvait voir la gent ailée voler de branche en branche.

Il y avait des petits oiseaux à la poitrine couverte d'or, de rubis et de saphirs. Et d'énormes oiseaux à la crête colorée, à la queue longue et au bec jaune incurvé. Rollo en aperçut un au plumage couleur de feu et se dit qu'il n'avait jamais rien vu d'aussi beau. Il aurait aimé pouvoir rester là pour toujours, à écouter les oiseaux, mais il entendit une branche craquer. Aussitôt, les créatures s'enfuirent dans toutes les directions en lançant des cris d'alarme. Rollo comprit rapidement pourquoi. Un visage osseux et pourri se penchait au-dessus de lui et une goutte de salive tomba sur son front.

– Alors, on s'amuse ? demanda le général Bavant d'une voix sifflante.

Le troll s'écarta de la goule.

– Bon, ça va, je me suis fait mal en heurtant cet arbre.

– Tu es allé trop vite, observa le général Bavant. Ne fais plus le malin.

D'autres branches craquèrent et Styxus Rex apparut en se traînant péniblement.

– C'est impossible de marcher à travers ces horribles branches ! se plaignit le vieux sorcier.

Il enleva la mousse humide parsemant son habit noir.

– Seuls des papillons peuvent vivre ici! Quand nous posséderons le terrain, nous nous débarrasserons de tous ces arbres stupides. Ce serait un bon endroit pour un dépotoir!

– C'est assez joli, dit Rollo en touchant la bosse sur son front.

– Exactement.

Styxus Rex grimaça et frissonna de dégoût.

– Debout, troll. Nous avons besoin d'explorer la région. Puis nous dresserons nos tentes et attendrons qu'il fasse nuit.

Rollo s'assit sur son séant et balaya les feuilles de son pelage. Quelque chose de pointu lui piqua le ventre, et il toucha le manche du couteau glissé dans sa ceinture. Il se souvint que le général Bavant lui avait confié le couteau et il retira sa main aussitôt.

Le gros troll se redressa et étira les bras. Tous les trois, ils patrouillèrent dans la forêt sans rien voir d'autre que l'imposante végétation.

En reniflant les délicieux arômes, Rollo comprit que des fleurs colorées poussaient partout. Des bourgeons couvraient le sol et d'autres fleurissaient des lianes qui s'enroulaient autour des arbres comme des colliers.

Les oiseaux retournaient à leurs perchoirs et des essaims d'insectes voletaient dans les arbres. Bois-Joli débordait de vie.

Styxus Rex se tourna vers Rollo et dit d'un air maussade :

– Lorsque je vole avec toi, tu dois te contrôler. Je ne peux pas tout faire. Tu dois prévoir où tu vas atterrir et le faire en douceur. Avec tes cabrioles, tu aurais pu nous faire découvrir.

– Désolé, monsieur, répondit le jeune troll en penchant la tête pour essayer de dissimuler un sourire.

– Nous devons attendre qu'il fasse nuit avant de bouger, déclara le général Bavant dont les yeux rétrécirent. Je déteste ça, mais nous devons nous installer dans les arbres afin de surveiller les alentours. Sur le sol, nous risquons d'être attaqués.

Rollo inclina la tête pensivement.

Si la forêt est aussi dense par ici, peut-être que les fées et les elfes vivent ailleurs.

Soudain une flèche se ficha profondément dans la poitrine de la goule. Rollo plongea dans les fourrés tout en gardant les yeux sur le général Bavant qui semblait simplement amusé par cette attaque. Styxus Rex ferma les yeux et s'effondra sur le sol. Mort de peur, Rollo regarda le général Bavant.

La goule grognait et s'ébrouait comme un chien en faisant voler des morceaux de peau pourrie un peu partout. Une écume d'un vert fielleux coulait de sa blessure et Rollo réprima un haut-le-cœur. Il se demandait si la flèche était empoisonnée, quoique ça n'affectait pas le général Bavant.

Le chef des goules retira la flèche de sa poitrine et la lança au loin. Puis il sortit sa longue épée à double tranchant et s'enfonça dans la forêt en taillant tout ce qui se trouvait sur son passage.

Rollo voulait le suivre et l'aider, mais il n'en fit rien. Une autre flèche siffla à travers les arbres et frôla sa tête. Avant même qu'il ne se jette sur le sol, la flèche heurta un mur invisible à quelques pieds de lui, ratant sa cible.

Rollo regarda Styxus Rex, qui lui adressa un petit sourire. Le troll entendait des coups retentir dans la forêt. Il essaya en vain de repérer le général Bavant. Rollo demeura tapi longtemps, ou du moins cela lui parut une éternité, mais il n'y eut pas d'autres flèches.

Le général Bavant revint vers eux.

– Il n'y en avait qu'un seul, dit la goule, et il s'est enfui.

Le sorcier s'assit ; il avait l'air reposé.

– Était-ce une sentinelle ?

– Peut-être. Je ne l'ai pas bien vu.

Styxus Rex lançait des regards furieux à Rollo.

– Voilà une arrivée mouvementée. Comme vous l'avez suggéré, mon général, nous allons nous installer dans les arbres. Nous ne devons pas laisser de traces que ces démons pourraient suivre.

– Oui, maître, répondit la goule.

Bavant aida le sorcier à se lever pendant que Rollo regardait partout avec nervosité. Le troll n'aimait pas avoir l'impression d'être surveillé par des créatures armées d'arcs et de flèches.

La flèche avait dévié de sa course, se souvint-il. Il se tourna vers le sorcier.

– Excusez-moi, maître… M'avez-vous protégé en jetant un sort à cette flèche?

– Oui… fort heureusement pour toi, répondit le vieux mage. Je ne pourrai pas toujours faire ça. Nous devons nous servir davantage de notre intelligence que de la magie.

Il désigna un arbre immense, couvert de lianes en fleurs.

– Grimpe!

Rollo avait passé sa jeunesse à grimper aux lierres du Morne Marais. Les lianes qui entouraient l'arbre n'étaient pas tordues et visqueuses comme celles du marais. Cela lui rappelait son chez-lui et, tout en grimpant, il sentit son cœur se crisper.

Rollo montait de plus en plus haut ; les branches s'amincissaient et pliaient sous son poids. Les genoux tremblants, Rollo s'aventura sur un mince rameau. Au-dessus de lui, il vit le soleil briller à travers l'épais feuillage, mais il était encore loin de la cime. Le gros troll hésitait en se balançant dangereusement sur la branche légère.

– Pas de bruit en bas ! chuchota une voix. Nous ne sommes pas seuls.

Rollo étira le cou et vit Styxus Rex au-dessus de lui, perché bien haut sur les plus hautes branches. Il voulut lui demander comment il avait réussi à parvenir jusque-là, mais il savait que le vieux mage avait plus d'un tour dans son sac.

– Je crois que je vais tomber, chuchota Rollo.

– Pas maintenant, dit Styxus Rex. Bavant est encore en bas.

– Que fait-il ? demanda Rollo en continuant à tanguer.

– Il fait quelque chose qu'il sait très bien faire… Il fait le mort.

Le vieux sorcier poursuivit son ascension jusqu'à ce qu'il ne fût plus qu'une tache sur le soleil scintillant à travers les feuilles.

Rollo parvint à quitter l'étroite branche en reculant jusque dans un creux de l'arbre où il put se tenir. Il trouva une liane robuste et, en s'y agrippant, il se pencha au-dessus du sol. Le troll tenta de trouver le général Bavant parmi les feuilles, mais il se sentit étourdi et dut pencher la tête en arrière.

Soudain, des voix lui parvinrent et il retint son souffle. Le troll courba les épaules pour mieux écouter et entendit une branche craquer. Il regarda en haut pour repérer Styxus Rex au faîte de l'arbre. Le sorcier se tenait parfaitement immobile. Les voix venaient d'en bas.

Un insecte volait autour de sa tête et il le chassa de la main. Il était trop occupé à écouter ce qui se passait pour s'inquiéter d'une libellule. Il entendait nettement les voix. C'étaient des voix au ton plus aigu que celui d'un troll ou d'une goule. Elles semblaient s'étonner de la disparition des intrus.

Ou peut-être se demandaient-elles ce qu'il fallait faire avec ce corps pourri. C'était le meilleur déguisement du général Bavant : lui-même.

Le bourdonnement reprit et Rollo leva la main en voyant l'insecte. Il mesurait environ vingt centimètres et était aussi coloré qu'un papillon. Toutefois ses ailes remuaient rapidement et il se déplaçait comme une libellule. Il disparut derrière le tronc de l'arbre avant que Rollo ne puisse le regarder de plus près.

Il y a de grosses mouches au marais, mais, ça, c'est ridicule, pensa-t-il.

Il entendit bruire les feuilles et leva les yeux. Styxus Rex rampait vers lui. Le mage inclinait sa tête lugubre à travers le feuillage et tendait l'oreille attentivement. Rollo retint son souffle afin de ne pas nuire à la concentration du mage.

– Qu'est-ce tu es? demanda une petite voix à son oreille.

Surpris, Rollo sursauta et se heurta la tête contre une branche au-dessus de lui. Il réprima un cri. Styxus Rex le regardait avec ses yeux rouges comme des charbons ardents. Rollo se blottit au creux de l'arbre, se retenant aux branches pour ne pas tomber. Il ne voulait plus bouger ni déranger le sorcier.

Puis une apparition surgit devant lui et Rollo retint un autre cri. C'était l'insecte qu'il avait vu plus tôt; seulement ce n'était pas vraiment un insecte. Il avait une tête, des bras, des jambes et un visage féminin.

Le troll se frotta les yeux, pensant qu'il devenait fou ou que le mal des hauteurs lui donnait des visions. Puis il entendit la douce voix répéter:

– Qu'est-ce que tu es ?

Rassemblant tout son courage, Rollo ouvrit les yeux et aperçut la créature chatoyante devant lui. Ses ailes battaient comme celles d'un oiseau-mouche, la maintenant parfaitement immobile. Sa peau était pâle et translucide, ses ailes étaient soyeuses.

Elle redressa la tête d'un air coquin.

– Je ne connais pas ton espèce. Qu'est-ce que tu es ?

– Un troll, chuchota-t-il. Et les trolls ne doivent pas monter dans les arbres, sinon ils imaginent des choses comme toi.

Un sifflement lui perça les oreilles, et l'air devint aussi chaud qu'une fournaise. Il sentit ses poumons se vider tandis qu'une boule de feu traversait l'espace à toute vitesse avant d'atteindre le sol. Des flammes et des tisons se répandirent sur son passage et remplirent l'air de fumée. Le troll se mit à crier quand il vit que sa fourrure brûlait et il éteignit les flammes en tapant dessus avec sa main.

La boule de feu frappa un tronc d'arbre et explosa à la manière d'un feu d'artifice, secouant l'arbre puissant. Rollo s'agrippa aux branches jusqu'à ce que cesse le tremblement et chercha en vain la créature ailée. Elle avait fui ou bien elle était réduite en cendres. Ou peut-être était-elle le fruit de son imagination.

Ses yeux scrutaient le sentier enfumé et couvert de débris jonchant les feuilles où couvait le feu. Avec toute cette fumée, il ne distinguait rien, mais il entendait des cris et des appels. Un ricanement s'éleva et il comprit que la boule de feu venait de là-haut.

– Vous avez visé dans le mille, monsieur! dit Rollo en articulant péniblement.

– Non, j'ai raté la cible d'un kilomètre, fit le sorcier avec un rire perfide. Mais c'est amusant! À propos, Rollo, je t'ai sauvé d'une fée qui allait t'envoûter.

– Une fée? Vous ne faites certainement pas allusion à ce bel insecte doué de parole? demanda le troll en levant un sourcil.

Il était difficile de croire qu'une créature aussi fantastique puisse être malfaisante. C'est alors que la fée réapparut tout à coup en face de lui. Elle semblait très en colère.

Les yeux plissés, elle traça un cercle dans les airs, pointant Rollo de sa main délicate. Le troll se dit qu'il devait fuir, qu'il courait un grand danger, mais il était sous le charme de la jolie créature. Et il ne pouvait pas bouger de l'arbre qui tanguait dangereusement.

– À l'aide! murmura-t-il, en voyant un rayon lumineux jaillir du doigt de la fée et transpercer sa poitrine.

Rollo gémit, croyant qu'il allait être changé en chiure de mouche. Au lieu de ça, le gros troll sentit quelque chose d'encore plus affreux : une piqûre au talon.

Avec un hurlement, Rollo lâcha les lianes et commença à se gratter le pied comme un fou. Plus il grattait, plus ça le piquait, il ne pouvait s'empêcher de se gratter ! Il ne pouvait ni s'enfuir ni grimper plus haut et il risquait vraiment de dégringoler de l'arbre.

– À l'aide ! cria-t-il.

Une autre boule de feu sortit des branches, enveloppant Rollo du souffle brûlant d'une fournaise. Le courant d'air le repoussa et il se retint à une liane en tombant. L'explosion fit trembler l'arbre, et Rollo faillit lâcher prise, mais il parvint à se tenir en équilibre au bout de la liane au-dessus de la forêt en feu.

Plus que tout, il voulait se gratter le pied, mais il devait se retenir à deux mains.

– À l'aide ! cria-t-il faiblement.

– Ça leur apprendra à nous laisser en paix et de ne pas s'en prendre à nous, dit Styxus Rex, satisfait. Viens, mon garçon. J'ai repéré un pic pas loin d'ici et je dois me reposer avant la tombée de la nuit.

Rollo sentit son estomac palpiter et il commença à flotter. Il constata avec soulagement qu'il volait. Il lâcha la liane, et en se cognant de branche en branche, il s'éleva en spirale jusqu'au soleil étincelant.

Une seconde plus tard, Rollo cessa de pivoter et redressa le cap. Il s'efforçait de suivre la sombre silhouette qui volait devant lui. Styxus Rex ressemblait à une feuille morte cherchant refuge contre un ouragan.

Rollo distingua un vieux pic qui se dressait au loin. L'endroit était escarpé, désert et pas très attrayant, un lieu idéal pour des gens venant de Crachoutos. Le sommet de la falaise semblait inaccessible à pied. Il serait en sécurité là-haut.

Il se souvint qu'il devait apprendre à contrôler lui-même son vol et il essaya d'imiter les gestes du sorcier. En se concentrant, Rollo découvrit qu'il pouvait accélérer et réduire la distance qui le séparait de Styxus Rex. Ses pieds brûlaient atrocement et il les releva, laissant l'air frais apaiser la démangeaison.

Le troll regarda par-dessus son épaule et vit une colonne de fumée grise s'élever de la forêt vierge. Le feu se répandait ; il s'en voulait, car c'était de sa faute s'ils avaient été surpris. On les avait attaqués alors qu'ils n'avaient rien fait. N'eût été la présence du sorcier, Rollo aurait ressemblé à une pelote d'épingles.

Le jeune troll était ébranlé par ces événements et il ne désirait qu'une chose : se mettre à l'abri. Le pic hérissé se rapprochait et Rollo se prépara pour un atterrissage forcé. Voyant que Styxus Rex ralentissait, il tenta de l'imiter. En se concentrant davantage, il découvrit qu'il pouvait modérer sa vitesse. Ils atterrirent tous les deux en douceur sur une étroite saillie.

Rollo s'affaissa contre le mur de roche. Il était à bout de souffle alors que Styxus Rex examinait déjà les lieux. Le sorcier gloussa de joie en découvrant une caverne. Ce n'était qu'une crevasse dans le roc, mais elle était assez grande pour que le sorcier puisse s'y glisser de tout son long. Styxus Rex se lova en boule et bâilla.

– Tu surveilles, Rollo. Couvre-toi de branches et de feuilles pour ne pas qu'ils te voient. Ne me dérange pas jusqu'à ce soir.

Le jeune troll contemplait la forêt exubérante d'un air inquiet. Une armée y était peut-être blottie. Au-delà de la mer verte se trouvaient le Gouffre et le désert ocre formant la frontière de Crachoutos. On aurait dit que la vie avait reflué de ce côté du monde, et que quelqu'un avait creusé un immense fossé pour la garder de ce côté.

Non loin de là, Rollo vit la fumée s'élever dans le ciel. Puis il se rendit compte qu'il manquait quelqu'un.

– Et le général Bavant ? demanda-t-il.

Le sorcier laissa fuser un petit rire.

– Ne t'en fais pas pour lui. Il trouvera son chemin. Ne me réveille pas à moins qu'il n'y ait du danger.

– Oui, monsieur.

Rollo avala sa salive et regarda en bas. Il était difficile de monter jusqu'à eux pour les épier, mais ça ne le rassurait pas. Malgré sa grande beauté, Bois-Joli recelait une multitude de dangers.

Rollo cassa les branches d'un buisson et se camoufla tant bien que mal. S'il s'asseyait contre la saillie, personne ne pouvait le voir. Évidemment, il ne pouvait voir personne non plus.

La démangeaison de son pied s'était peu à peu calmée, ce n'était plus qu'un léger picotement. Le jeune troll continua pourtant à se gratter tout en surveillant la vaste forêt étincelante. Il se demandait s'il réussirait à rentrer chez lui, dans son modeste marais.

CHAPITRE QUATORZE

PROMENADE APRÈS MINUIT

La nuit descendait peu à peu sur la noble forêt et Rollo remarqua des taches de lumière au loin. *Ce sont peut-être des villages,* se dit-il. Il était intrigué par tout ce qu'il voyait, mais il ne tenait pas à rencontrer d'autres habitants des lieux.

L'incendie qu'ils avaient allumé n'était plus qu'un amas de braises fumantes. Toutefois le feu s'était propagé, et la forêt était amputée de plusieurs arbres. Le jeune troll avait hâte que la nuit masque la blessure qu'ils avaient infligée à la forêt.

Pour une raison ou pour une autre, son pied recommença à le piquer, et il se remit à se gratter. À force de remuer, Rollo défit sa tenue de camouflage. Enfin la nuit tomba et il se détendit. Le troll bâilla et entendit une voix mélodieuse chuchoter à son oreille :

– Tu as sommeil.

– Je n'ai pas sommeil, murmura-t-il, en s'efforçant de garder les yeux ouverts. S'ils me trouvent…

– Es-tu leur serviteur ? demanda la voix.

Rollo ouvrit grand les yeux. Une ombre étrange flottait devant lui. Le troll recouvrit rapidement ses pieds avant de se faire piquer.

– All… allez-vous-en ! dit-il à la fée en agitant maladroitement le couteau que le général Bavant lui avait donné.

– Tu viens de Crachoutos, lança la fée en reculant vers le Gouffre.

Un moment plus tard, l'ombre vrombissante réapparut devant lui.

– Je ne savais pas que tu pouvais voler !

– Moi non plus, marmonna le troll en brandissant son couteau. Je vous avertis, je sais me servir de ça !

– Je ne le crois pas, dit-elle avec un rire espiègle. Que venez-vous faire par ici ?

Rollo fronça les sourcils ; c'était une question sensée.

– Simplement visiter. Ne pouvons-nous pas faire un tour sans risquer d'être attaqués ?

– Est-ce tout ce que vous voulez ? demanda la voix douce comme de la soie. Causer avec nous ?

– Eh bien, ça serait un début, fit Rollo d'un air sérieux.

S'ils parvenaient à convaincre les fées d'accepter la construction d'un pont, ils éviteraient beaucoup de problèmes.

– Ça peut s'arranger, déclara la fée. Avez-vous déjà essayé de convaincre des fées d'accepter quelque chose ?

– Non, répondit Rollo.

– Alors, n'essayez pas, dit-elle. Je m'appelle Chipie.

– Moi, c'est Rollo.

Le troll huma l'air. Ses longues oreilles se dressèrent.

– Je sens quelque chose.

– Quoi ? souffla Chipie.

– C'est une goule, chuchota-t-il. Partez !

Rollo agita le couteau dans les airs et l'ombre papillotante disparut.

– Elle est partie, affirma une voix.

Ce n'était pas celle du général Bavant. Le troll se retourna et vit le vieux sorcier. Il enlevait les feuilles qui couvraient sa luxueuse cape. Rollo se recroquevilla de peur.

– Euh... je n'ai fait que lui parler un peu.

– J'ai tout entendu, dit le sorcier en plissant les lèvres. Peut-être as-tu réussi à nous obtenir le libre passage à travers cette horrible forêt. Beau travail. C'est pourquoi je voulais que tu nous accompagnes, une touche d'innocence dans notre équipe a du bon.

– Ouais, susurra une autre voix, mais il a dévoilé notre position.

Rollo pivota sur lui-même et aperçut le général Bavant, debout sur la saillie. C'était bien la goule en personne, mais sa cape était entièrement brûlée et son visage était carbonisé. Elle dégageait une odeur de chair pourrie ayant séjourné dans le feu.

– J'ai trouvé un chemin, annonça la goule. À l'est d'ici.

– Allons-y, répondit Styxus Rex. Je me sens en sécurité depuis que la nuit est tombée. De plus, nous avons un ambassadeur avec nous.

Il donna une tape dans le dos de Rollo, et le troll lui sourit nerveusement. En revanche, le général Bavant déglutit bruyamment. La goule descendit rapidement l'escarpement et Rollo la suivit en faisant attention où il mettait les pieds. Assis sur le rocher, ils se laissèrent glisser. La pente était si aiguë qu'ils durent voler à quelques reprises. Finalement ils parvinrent au pied de la falaise, à leur point de départ dans l'horrible forêt.

Comme la plupart des habitants de Crachoutos, Rollo voyait bien dans la nuit, mais, dans cette obscurité, il ne voyait même pas le bout de son pied. Ça le piquait encore. Même s'ils suivaient une piste, il ne cessait de trébucher sur des racines et de heurter des branches. Ils cheminèrent lentement jusqu'à ce que Styxus Rex allume une petite lanterne.

Il maintenait la lampe au ras du sol pour éclairer seulement la piste.

Le général Bavant semblait bien voir dans la nuit. La goule menait la marche quand elle s'arrêta brusquement et Rollo faillit lui rentrer dedans. Styxus Rex leva la lanterne et Rollo comprit pourquoi la goule s'était arrêtée.

Une étrange collection d'objets était suspendue le long des treillis qui bordaient la piste. Il y avait des crânes d'animaux ornés de plumes, des arcs et des flèches de cérémonie, des rangs de perles colorées et des morceaux de tissus brodés. *Tout ce fatras est drôlement attirant,* pensa Rollo.

Styxus Rex examinait les artefacts avec curiosité.

– Ce sont les fétiches des elfes. Ils appartiennent à la tribu qui règne sur cette partie de la forêt.

– Celui-ci ressemble à une carte, dit Rollo en tendant le doigt vers une broderie étrange.

– En effet.

Le général Bavant arracha la broderie du treillis et l'étudia de son regard vide.

– Conduisez-nous au village le plus proche, ordonna Styxus Rex. Je ne crois pas qu'ils nous feront des problèmes. S'ils essaient, je raserai cet endroit infect.

– Oui, maître.

Le général Bavant se mit à marcher d'un pas raide et Rollo s'empressa de suivre la goule. Il sentait le regard impatient du sorcier derrière lui.

Au bout d'une longue marche, le troll déclara :

– Je commence à avoir faim.

Il espérait inciter le sorcier à retourner à Crachoutos où ils mangeraient un délicieux repas en compagnie des ogres.

– Bavant a des victuailles. Donnez-lui un peu de hachis d'écureuil.

– Oui, maître.

La goule sortit des lanières de viande rose de son sac et les remit à Rollo. Le troll les dévora avidement tout en marchant.

– Ne pensez-vous pas que nous en savons assez à propos de ces gens ? demanda Rollo en essuyant sa bouche de sa main velue. Il me semble qu'ils habitent ici, pas loin du Gouffre. Pensez-vous qu'ils nous laisseront construire le pont ?

– C'est ce que nous voulons découvrir, répondit Styxus Rex. Étant donné les circonstances, je crois que nous nous en tirons plutôt bien.

Le général Bavant gloussa.

– Vous voulez dire qu'ils ont peur de vous.

– La peur a toujours été un bon allié, affirma le sorcier en haussant les épaules. Mais nous allons négocier. Ils ont leur ambassadeur et nous avons le nôtre : Rollo.

La goule siffla avec dégoût et s'éloigna sur la piste.

– Maître, dit Rollo d'une voix remplie d'espoir, cela veut-il dire que vous ne blesserez pas la fée si elle réapparaît ?

– Je n'y toucherai pas tant qu'elle nous aidera, assura le sorcier tandis qu'une étincelle brillait sous sa prunelle sombre. Tu as réussi à nous faire traverser la région, et c'est très bien. Toutefois, tu n'as pas parlé du pont. Elles peuvent voler et nous aussi, alors il n'y a pas de raison pour qu'on ne s'entende pas comme de bons voisins.

Le sorcier baissa la voix et ajouta :

– Sois assuré, Rollo, que ce n'est pas en restant ici que nous construirons le pont. En étudiant leurs cartes et en leur demandant des informations, peut-être apprendrons-nous exactement où nous pourrons le construire.

– Oui, monsieur, répondit Rollo, soulagé.

Qui était-il pour poser des questions au terrible sorcier ? Le jeune troll se dit qu'il ne fallait pas trop réfléchir, comme le lui conseillait souvent sa sœur. Pour survivre, il fallait obéir et s'en tenir à ça.

Malgré la nuit dense, Bois-Joli semblait un peu plus rassurant lorsqu'on suivait une piste bien éclairée. Bien sûr, Rollo ne voyait pas à deux pas devant lui. Les oiseaux chantaient et gazouillaient en volant à travers les branches. Rollo remarqua qu'il s'agissait d'oiseaux différents de ceux qu'il avait entendus chanter durant le jour. Des insectes les accompagnaient, poussant des cris stridents qui pénétraient l'échine du troll.

Le lourd parfum des fleurs et de l'humus l'étourdissait et il s'efforça de continuer à marcher. Le chant des oiseaux et ces riches senteurs étaient beaucoup plus fortes que durant le jour. Rollo ne pouvait pas voir tous les bourgeons autour de lui, mais devinait leur présence.

Ils marchèrent encore pendant des heures avant d'apercevoir une lumière tremblant entre les troncs sombres. Styxus Rex les enveloppa d'une aura de protection et ils avancèrent prudemment.

Quelques instants plus tard, ils pénétrèrent dans un modeste village formé de maisons au charme vieillot. Mais il n'y avait personne. Au centre de la place se dressaient une tonnelle recouverte de vignes et un vieux puits en pierre. Entre les maisons s'alignaient des potagers.

Des pots en terre cuite posés sur des trépieds servaient de lampes. Une chandelle était posée dans chaque pot et diffusait une lueur orangée féerique. Ces modestes lampes n'éclairaient pas beaucoup le village, mais le nez de Rollo capta le fumet qui s'échappait de la tonnelle.

– Est-ce vraiment ce que je crois ? jubila-t-il.

Le troll s'avança vers la structure circulaire. Il gravit les petites marches et se retrouva sous la tonnelle ornée de vignes en fleurs. Le sol était dallé de marbre. Mais ce n'est pas ce qui l'avait attiré là.

Au centre de la tonnelle se dressait une table couverte de victuailles.

Il y avait trois chaises, des pichets remplis de boisson rafraîchissante et un repas alléchant.

– Ils nous offrent à manger ! s'écria le troll.

Et il se mit à s'empiffrer comme un glouton, engouffrant les aliments au fond de sa bouche. Rollo ne se rendit même pas compte que Styxus Rex et le général Bavant arrivaient derrière lui.

– C'est peut-être empoisonné, dit la goule.

Rollo cracha immédiatement ce qu'il avait dans la bouche.

– Pensez-vous vraiment ce que vous dites ?

Styxus Rex prit un brin de céleri et le renifla avec méfiance.

– Hmmm, horriblement frais. Allons, jeune troll, continue à manger. Je n'ai pas emmené de goûteur, alors je te confie cette tâche.

– Merci, monsieur, répondit Rollo, soudain hésitant.

Bon, il avait déjà avalé plusieurs bouchées et il était encore en vie, alors il pouvait continuer à manger. À deux mains, le troll dévora le somptueux repas.

– Le village est désert, dit le général Bavant, en examinant les environs.

– Bien, approuva le sorcier. Les elfes nous accueillent et nous offrent un repas en gage de paix, mais ils ont peur de nous affronter. C'est pitoyable.

– Je trouve ce repas très courtois de leur part, lança Rollo, la bouche pleine.

Le général Bavant jeta un regard de travers à Rollo. Styxus Rex se mit à rire.

– Et toi, tu es l'as de la courtoisie, Rollo. Je me demande seulement si tout cela est vraiment aimable.

– Nous devons étudier d'autres cartes, déclara le général Bavant en contemplant la carte qu'il avait arrachée sur le treillis. Nous avons besoin d'informations régulières provenant d'une source sûre.

– Comme un diplomate établi dans Bois-Joli, fit Styxus Rex d'un air pensif. Un échange de diplomates, bien sûr.

– Je peux faire ça, assura Rollo, les joues pleines à craquer.

Il acceptait n'importe quel boulot à condition d'avoir autant de bouffe. Il ne savait pas ce qu'il mangeait, mais tout lui semblait bon.

– C'est exactement ce que je pense, dit le sorcier. Propose donc à ta petite amie de faire un échange d'ambassadeurs lorsque tu la reverras. Tu devrais ramasser tout ce que tu peux emporter, Rollo, parce qu'il faut que nous poursuivions notre chemin.

– Oui, maître, répondit Rollo.

Le troll s'empressa de remplir ses poches et son sac tout en engloutissant tout ce qu'il pouvait. Lorsqu'il quitta la tonnelle, le général Bavant et Styxus Rex discutaient au milieu de la rue.

La goule renifla le vent et désigna une des maisons.

– Il y a un être vivant là-dedans.

Il avança vers la modeste demeure, suivi du sorcier et du troll. C'était une petite masure délabrée aux murs de torchis couverts de vignes en fleurs. Le toit était composé de lattes, et de simples trous faisaient office de fenêtres, mais son aspect terreux plaisait à Rollo. Le sorcier et la goule ouvrirent la porte et pénétrèrent à l'intérieur comme s'ils étaient chez eux. Ils durent se baisser en passant dans le cadre de la porte.

Un instant plus tard, le général Bavant sortit la tête et arrêta Rollo d'un geste.

– Tu restes dehors à surveiller, ordonna-t-il. Nous n'en avons que pour une minute.

Le troll poussa un soupir de soulagement. Il ne tenait pas à se retrouver dans cet espace réduit en compagnie de la goule et du sorcier. De plus, il trouvait que ce n'était pas bien d'entrer dans une maison sans y avoir été invité. Il était content de respirer l'air frais et grignotait des bouts de nourriture. Il gardait l'œil ouvert, mais rien ne bougeait dans le village désert.

Styxus Rex et le général Bavant sortirent un instant plus tard. Le sorcier tenait la lanterne, et la goule transportait un objet, une petite cage aux barreaux de métal. À l'intérieur se trouvait une chose colorée et brillante.

Rollo regarda de plus près et vit un des magnifiques oiseaux de la forêt. Celui-ci était rouge écarlate avec des reflets bleus et jaunes. Apparemment malheureux d'être tombé dans les griffes de la goule, il agitait les ailes désespérément.

– Un oiseau ? fit Rollo, espérant que la goule ne voulait pas le manger.

Le sorcier hochait la tête d'un air pensif.

– Oui, je peux faire des trucs avec les oiseaux. Je les ensorcelle… ils cherchent pour nous… et je peux voir grâce à leurs yeux. Et puis, il faut bien ramener un petit souvenir de voyage, pas vrai ?

– Je suppose que si, répondit Rollo. Cela veut-il dire que nous rentrons à la maison ?

– Dès que nous retrouverons la route qui mène au Gouffre, répliqua Styxus Rex avec un sourire réconfortant. Le général croit avoir découvert un sentier qui nous y mènera.

– Je vais remplir les gourdes, dit le général Bavant.

Il posa la cage sur le sol, prit les gourdes et marcha jusqu'au puits situé au milieu de la place.

C'est tout ? pensa Rollo. Au lieu d'être soulagé à l'idée de quitter enfin cette forêt dangereuse, il se sentit envahi par la tristesse.

– Couac ! Couac ! fit soudain l'oiseau. Bandits ! Brigands ! Mon maître vous fera la peau. Il vous tranchera le gosier, il vous arrachera les griffes !

Rollo fixa l'oiseau parleur. Styxus Rex pointa le doigt et ordonna :

– Silence, toi, le piaf ! Nous te laisserons libre si tu collabores avec nous.

– Eh bien ! pourquoi ne pas l'avoir dit plus tôt ? fit l'oiseau qui détourna aussitôt la tête et se mit à lisser ses plumes écarlates.

Bavant revint avec les gourdes en bandoulière. Il souleva la cage.

– Est-ce que cet oiseau est envoûté ?

– En quelque sorte, fit le sorcier en renâclant. Mais s'il m'obéit, je le libérerai. Vous connaissez le chemin pour retourner au Gouffre, dites-vous ?

– Oui, si cette carte dit vrai, répondit Bavant. Mais nous ne passerons pas par le même chemin qu'à l'aller.

– Ça ne fait rien, dit Styxus Rex.

Il baissa la voix et ajouta :

– Évitons les embûches. J'aimerais épargner mes forces.

– Bien, maître.

La goule inclina la tête, se faufila entre deux maisons, emportant la cage.

Rollo et le sorcier lui emboîtèrent le pas et ils se retrouvèrent tous les trois sur un autre sentier conduisant à l'extérieur du village des elfes. Au bout de quelques minutes, les sentiers se confondaient tous dans la nuit. Rollo souhaita que le général Bavant ait un bon sens de l'orientation.

L'oiseau chantait et gazouillait dans sa cage, répondant aux autres oiseaux de la forêt. Rollo accéléra le pas pour mieux entendre le chant de l'oiseau.

– Que chantes-tu ? lui demanda-t-il.

– Je raconte à mes amis que je serai bientôt libre et que j'irai les retrouver dans les framboisiers, pépia l'oiseau.

– Pourquoi étais-tu emprisonné ?

– Oh, c'est une longue histoire, soupira l'oiseau. Commençons par le début. J'étais une fée et j'ai été envoûtée. J'ai commis l'erreur de tomber amoureuse d'une aigrette blanche. Depuis que je suis devenue un oiseau, ça va mieux. Mais je déplais à certains, parce que je parle trop. Alors cet elfe affreux me surveille comme un animal domestique.

– Tu n'aimes pas les elfes ?

– Les elfes ? Pouah ! fit l'oiseau en crachant. Ils veulent toujours dominer les autres et ils se croient meilleurs que nous. As-tu idée de ce que c'est ?

Oui, pensa Rollo.

– Ils nous abattent à coups de flèches et nous tendent des pièges, se lamentait l'oiseau. Ils nous mangent et utilisent nos plumes pour leurs chapeaux stupides ! Et où sont-ils quand il y a un problème ? Tu vois ? Ils laissent un pauvre oiseau se faire voler sur son perchoir !

– C'est vrai qu'ils n'ont pas veillé sur toi, approuva Rollo.

La goule émit un grondement qui signifiait que la conversation avait assez duré.

Rollo marchait sans relâche quand soudain il sentit un picotement sous ses pieds. Cela ne pouvait vouloir dire qu'une chose : Chipie n'était pas loin.

Le troll fit semblant de trébucher et s'agenouilla pour masser sa cheville. Styxus Rex passa devant lui.

– Ça va, mon garçon ?

– Je crois que ça va, répondit le troll. Allez-y, maître. Ça passera en marchant.

– Ne t'aventure pas trop loin, dit le sorcier.

– Oui, monsieur.

Le jeune troll ne voulait pas s'aventurer plus loin. Il n'était pas nécessaire de s'enfoncer dans l'obscurité. Rollo se leva et fit quelques pas derrière le sorcier et la goule. Ses yeux scrutaient la nuit à la recherche de la fée.

– Avez-vous aimé notre repas ? demanda une voix.

Rollo pivota sur lui-même et vit la fée virevolter autour de lui.

– Baisse la voix, chuchota-t-il nerveusement. Je ne suis pas le maître ici.

– C'est ce que j'ai pensé, fit Chipie. Pourquoi avez-vous volé l'oiseau enchanté ?

– Tu te souviens de ce que j'ai dit. Je ne suis pas le chef.

– L'oiseau est peut-être dangereux, dit-elle.

– Comme bien des choses par ici, répliqua Rollo. Ne t'inquiète pas, nous rentrons chez nous. Mon maître pense qu'il serait bon d'échanger nos ambassadeurs. Par exemple, tu pourrais venir habiter chez nous et je pourrais aller habiter dans ce village là-bas… où il y a toute cette bonne nourriture.

La mignonne petite fée secoua la tête et des étincelles tombèrent de ses boucles.

– Je ne crois pas que ce soit possible. Nous nous sommes réunis en toute hâte et j'ai le regret de te dire que personne à Bois-Joli ne veut avoir affaire à vous. Je croyais que tu le comprendrais en voyant que le village était vide.

– Ne t'en fais pas, nous partons, répondit Rollo en essuyant la rebuffade. Personne ne veut nous voir ?

Elle hocha la tête tristement et ses ailes se fanèrent pendant un instant.

– Personne n'est autorisé à vous rencontrer… sauf moi. C'est la dernière fois que nous nous parlons.

Venue de nulle part, une ombre balaya l'air et s'empara de la fée. Rollo trébucha et tomba sur le sol boueux. Lorsqu'il se remit sur ses genoux, le général Bavant gesticula et tenta de saisir sa cape noire qui volait au-dessus de sa tête.

La pauvre petite fée s'empêtrait dans la cape, volant d'un côté et de l'autre pour échapper à la goule. Elle souleva la goule de quelques centimètres au-dessus du sol et la frappa contre un arbre, puis elle tourbillonna autour d'elle. Mais la goule tenait bon.

Rollo s'élança vers eux sans savoir que faire. Il voulait aider Chipie et non la goule. Il était incapable de prendre une décision. Lorsque Styxus Rex se mit de la partie, ce fut la fin pour la petite fée. Ils la traînèrent dans les broussailles et la firent prisonnière.

Rollo sentit son estomac se nouer, son estomac rempli de toute la bonne nourriture des fées.

CHAPITRE QUINZE

LA PRISONNIÈRE

Chipie mesurait environ vingt centimètres. Elle était à peu près de la taille de l'oiseau qu'elle avait remplacé dans la cage, mais elle était beaucoup plus triste. La fée était allongée sur le perchoir et s'efforçait de rester éveillée. Elle paraissait blessée, défaite et complètement épuisée. Son teint pâle était devenu livide et ses yeux ne brillaient plus. Ses ailes pendaient tristement et Rollo craignit que ses compagnons de voyage ne les aient brisées.

Le jeune troll voulait réprimander ses maîtres. Chipie était son amie, non la leur. Ils n'avaient pas le droit de trahir cette amitié !

Rollo avait peur d'affronter le satanique sorcier et l'infâme goule. Maintenant il comprenait pourquoi ils avaient volé l'oiseau au village : ils voulaient la cage, pas l'oiseau ! Si Chipie refusait d'aller à Crachoutos, ils l'emmèneraient de force.

Rollo serrait les dents, essayant de ne pas montrer sa colère. S'il voulait aider Chipie, il fallait attendre le bon moment. Il avait besoin de réfléchir.

Le troll entendit un gros croassement et, en se retournant, il aperçut l'oiseau écarlate, libéré de sa cage. L'oiseau enchanté était perché sur une branche et lissait ses plumes, l'air ravi de sa nouvelle situation.

– Oiseau, dit Styxus Rex, je t'ai donné ta liberté avant même que tu ne me rendes un service. Puis-je te faire confiance et te demander de suivre le sentier et de revenir me dire si la voie est libre jusqu'au Gouffre ?

– Comme il vous plaira, maître. Allez-vous faire la guerre aux elfes ? demanda l'oiseau en inclinant sa tête emplumée.

– Je ne pourrai probablement pas l'éviter, répondit le sorcier.

– Vous pouvez compter sur moi ! Je rallierai les oiseaux à votre cause. Nous lutterons contre les fées, s'il le faut.

Rollo voulut mentionner que les ogres mangeaient environ deux fois plus d'oiseaux que les elfes. Mais il se tut. *Laissons ce freluquet d'oiseau le découvrir par lui-même.* Rollo savait déjà combien il était horrible d'aider ces rapaces égoïstes à l'âme de conquérant.

Quelque chose bougeait dans la cage et Rollo se retourna. C'était Chipie. Elle leva son visage contrit et dévisagea l'oiseau.

– Kendo, comment peux-tu agir en traître ? Tes sottises t'ont valu cette punition et ce n'était pas assez sévère. Ils auraient dû te transformer en tas de fumier !

– Peux-tu vraiment faire ça ? demanda Rollo.

La fée lança un regard haineux au troll. Ses yeux d'un vert limpide jetaient des éclairs.

– Il y a plusieurs choses que je peux faire à ceux qui me trahissent !

Chipie croisa les bras en forme de bretzel et détourna le regard. Un instant plus tard, Rollo éternua violemment. Puis il entendit un bruit. C'était Styxus Rex qui se mouchait dans son grand mouchoir noir. Même le général Bavant se mit à éternuer. Lorsque la goule éternuait, son cerveau semblait sortir par ses narines.

– Beurk ! s'exclama Rollo en se détournant. Atchoum !

– Atchoum ! Atchoum ! firent Styxus Rex et le général Bavant.

Kendo émit un gloussement ravi.

– Chipie, tu n'as pas ton pareil pour jeter des sorts qui font éternuer ! Ne vous inquiétez pas, les amis, ça passera dans quelques heures. Je vais faire un tour de reconnaissance.

L'oiseau s'envola en faisant bruire ses ailes.

– Couvrez la cage ! ordonna Styxus Rex. Ah… ahh… atchoum !

Bavant jeta immédiatement sa cape sur la cage et ils s'éloignèrent tous les trois. Mais ils ne cessaient d'éternuer. Rollo prit des feuilles pour essuyer son nez.

– Je ne sais pas ce qui est pire, ça ou la piqûre au pied. Atchoum !

Styxus Rex s'assit sur le sol pendant quelques minutes et se concentra. Il cessa d'éternuer, puis Rollo et Bavant parvinrent également à contrôler les éternuements. Le général Bavant aida le mage à se relever.

– Je l'ai maîtrisée, dit le sorcier. Elle sera trop faible pour faire de la magie. Tu ne dois pas lui parler, Rollo.

– Oui, maître, répondit le troll d'un air sombre.

– En route !

Le général Bavant prit la cage et commença à marcher, suivi de Rollo et de Styxus Rex. Ils cheminèrent le long du sentier d'un pas pressé. Dès qu'ils apprendraient la capture de la fée, les habitants de la forêt ne tarderaient pas à envoyer leurs troupes à leurs trousses. Rollo se dit qu'ils n'allaient pas laisser Chipie se faire capturer sans la défendre.

Styxus Rex avait enlevé des milliers de trolls de Trollville et personne n'avait essayé de l'en empêcher. *Il ne sera satisfait que lorsque nous serons tous ses esclaves,* pensa Rollo. *Tous les problèmes à Crachoutos viennent de lui et, moi, je l'aide ! Je suis du mauvais côté !*

Le jeune troll songea à s'enfuir en se précipitant dans la sombre forêt. Il risquait de tomber dans un piège, de s'enfoncer dans un marais ou de recevoir une pluie de flèches. Et s'il s'enfuyait, il n'aidait pas Chipie. Il devait d'abord sauver la merveilleuse fée avant de penser à lui-même.

– Rollo ! dit une voix aiguë qui le fit sursauter.

Le troll se retourna, craignant que le sorcier n'ait lu dans ses pensées.

– Oui, maître ?

– On dirait que tu dors debout. Tâche de rester éveillé.

– Oui, monsieur.

Le troll avala sa salive. Il décida qu'il valait mieux rester près de la goule.

Ils marchèrent pendant des heures dans la nuit. Plus ils avançaient dans la sombre forêt, plus le silence s'épaississait. *Où sont les oiseaux ?* se demandait Rollo. Il faisait si noir que le troll avait peur de s'écarter du sentier et de tomber dans le Gouffre. Il avait hâte que le jour se lève.

Le général Bavant avançait péniblement et la cage se balançait au bout de sa main.

Rollo ne le quittait pas d'une semelle et le surveillait, craignant qu'il ne tombe dans le Gouffre.

Le troll trébucha et faillit glisser. Il dut rester en arrière et suivre le sorcier qui éclairait ses pas avec la lanterne. Rollo entendit des vrombissements au loin.

– Ils arrivent ! cria une voix aiguë.

L'oiseau rouge passa sous le nez de Rollo, poursuivi par une flèche.

Le général Bavant poussa un cri étouffé. La goule se retourna : deux flèches sortaient de sa poitrine.

– On nous attaque.

Dès l'instant suivant, une silhouette apparut sur le sentier. C'était une petite créature mesurant à peu près un mètre et demi, aux cheveux roux et portant une barbe.

– Un elfe ! gronda Bavant.

Le gracieux petit être leva son arc et inséra une flèche dans l'encoche. Le général posa la cage sur le sol et sortit son épée.

– À terre ! hurla une voix.

Rollo vit que la goule se laissait choir comme un sac de vieux linge et il l'imita. Il fit bien parce qu'une boule de feu siffla au-dessus de sa tête. Comme une comète, elle dériva dans la forêt, passant à deux mètres de l'elfe. L'archer prit aussitôt la fuite.

Puis ce fut l'explosion, accompagnée de flammes, de fumée, de tisons brûlants, de cris. Ce fut le chaos. Rollo sentit qu'on le saisissait par le collet. C'était Styxus Rex. Avec une force étonnante, le vieux sorcier le remit sur ses pieds. Le général Bavant rangea son épée et saisit la cage pendant que Styxus Rex murmurait des paroles, les yeux fermés.

Les flèches, la fumée et des étincelles de feu jaillissaient de partout pendant que les trois visiteurs s'élevaient dans les airs. Rollo se tenait au bras du sorcier, tout en se cognant aux branches. Il mit de côté sa peur et son sentiment de culpabilité, s'efforçant de penser seulement à voler de plus en plus haut.

Le troll s'éleva au-dessus des arbres comme une bulle dans l'eau du marais. Les branches lui fouettaient le visage, mais il les repoussa. Enfin, il atteignit les cimes et découvrit le ciel piqué d'étoiles. La pleine lune éclairait tout le paysage.

Au grand soulagement de Rollo, il vit qu'ils étaient près du Gouffre. Même durant la nuit, l'énorme gorge était le plus terrible point de repère du monde.

La fissure lézardait la terre, séparant le mal du bien, l'abondance de la pauvreté. *Il doit y avoir une raison à cela,* pensa Rollo.

Le troll tenta de s'orienter vers le Gouffre et il parvint à redresser le cap. Styxus Rex et le général Bavant étaient derrière lui, mais il y avait autre chose aussi. Ça ressemblait à un énorme essaim de mouches bourdonnantes.

Rollo regarda par-dessus son épaule et vit une mer de libellules volant à contre-jour sur la face de la lune. Ce n'étaient pas des libellules. Malgré leur grand nombre, ces êtres ne ressemblaient en rien à ce qu'il avait déjà vu. C'étaient sans doute des fées! Des milliers de fées! Les ailes frémissantes, elles fondaient sur les envahisseurs comme une bande de vautours.

– Elles sont au-dessus de nous! cria Rollo.

– Continue de voler! ordonna Styxus Rex. Je dois atterrir et livrer bataille.

Le sorcier se posa sur la cime d'un arbre et Rollo redouta la suite des événements.

– Par ici! hurla le général Bavant qui planait à côté de Rollo.

Il agitait la cage au-dessus de sa tête.

Rollo avala sa salive et continua de voler vers le Gouffre. Il jeta un autre coup d'œil par-dessus son épaule. La forêt était sombre et silencieuse.

Une boule de feu jaillit entre les arbres, passa devant la lune et s'écrasa contre l'essaim de fées. Le sorcier visa dans le mille. En poussant des cris stridents et des gémissements, les fées se dispersèrent dans le ciel étoilé. La boule de feu tomba dans la forêt et explosa en faisant jaillir une pluie d'étincelles.

Les fées se regroupèrent en un immense nuage noir et s'abattirent sur les arbres comme une tornade. Rollo se demandait si elles attaquaient Styxus Rex. La riposte ne tarda point : la forêt cracha une tonne de lumière vive comme l'éclair de la foudre, tournoyant comme un kaléidoscope. Rollo, aveuglé pendant quelques secondes, tourna la tête.

– Il fait ses vieux tours de magie, dit le général Bavant.

Ils approchaient du ravin et Rollo se sentit transporté par la brise. Quand ils furent loin de la terre et de la forêt, il essaya de ne pas regarder en bas. *Traverser le Gouffre est plus facile la nuit,* se dit-il. Il ne voyait rien d'autre que la fine lueur de la lave.

Ils planaient au-dessus du Gouffre. Rollo se débrouillait bien, mais la goule commençait à perdre de l'altitude. Le troll descendit au même niveau que le général, car il s'inquiétait du sort de Chipie. Si la goule laissait échapper la cage, la fée serait perdue. Rollo garda son sang-froid et continua de voler jusqu'à ce qu'il aperçoive les terres désolées de Crachoutos.

La maison.

À l'idée de retrouver Trollville, il accéléra tandis que le général Bavant descendait de plus en plus derrière lui.

– Halte ! cria la goule. Le maître est en difficulté ! Reviens chercher la prisonnière.

Si Rollo cessait de voler, c'était la mort assurée. Mais il pouvait décrire un cercle et sauver Chipie. Prendre la cage entre les mains de Bavant, voilà ce qu'il voulait faire.

– J'arrive ! répondit-il.

Toutefois il ignorait s'il pouvait changer de trajectoire en plein vol. Par pure volonté, Rollo amorça lentement le virage vers la goule désespérée.

Quand il fut près d'elle, la goule était suspendue dans les airs. Elle ressemblait aux ogres qui allaient tomber dans la rivière, mais aucune peur ne luisait au creux de ses prunelles vides. Elle tendit la cage à Rollo et il s'en empara.

– Garde-la précieusement, dit la goule.

Et sur ces mots, le général Bavant se laissa retomber en faisant claquer les pans de sa cape, plongeant dans les profonds abysses.

Rollo, ému de la disparition soudaine de son compagnon, craignit qu'il ne lui arrive la même chose. Il se concentra de toutes ses forces pour atteindre le bord. Il songea un instant à retourner à Bois-Joli, mais Crachoutos était plus près.

À sa grande surprise, la cage semblait légère dans sa main. Ne pouvant voir la fée à cause de la cape de Bavant, il espéra que tout allait bien.

Avec soulagement, le troll rebondit sur la falaise de Crachoutos. Il posa délicatement la cage sur le sol sec et s'effondra à ses côtés. Un million de pensées traversaient son esprit, s'agitant plus rapidement que les ailes de la fée. Le général Bavant était-il mort ? Une pareille chute pouvait-elle venir à bout d'une goule ? Plus important encore, est-ce que Styxus Rex était mort ?

Rollo regarda de l'autre côté du Gouffre et ne put rien distinguer à part la fumée et le feu qui s'élevaient de Bois-Joli. Rollo était en vie et temporairement libre ! Seulement, il n'était pas seul.

Les doigts tremblants, Rollo retira la cape. Il soupira en voyant la pauvre fée gisant inerte au fond de la cage. Rollo brisa immédiatement le cadenas et glissa sa main à l'intérieur. Très doucement, il souleva la fragile prisonnière, aussi légère qu'un oiseau aux ailes de soie.

Il ne toucha pas aux ailes de Chipie de peur de les briser. Elles pendaient mollement sur les côtés. Au grand soulagement de Rollo, il pouvait sentir sa respiration régulière au creux de sa main. Chipie était endormie, ou du moins elle semblait dormir. Rollo se rappela que le sorcier avait jeté un sort à la fée pour qu'elle reste tranquille. Alors tout allait bien.

Rollo remit la fée doucement dans la cage et la recouvrit avec la cape de Bavant. Il ne fallait pas imaginer que Styxus Rex et Bavant étaient morts. Ils pensaient sans doute que Rollo les attendrait près des chevaux ou qu'il retournerait au camp, près de la rivière Glacia.

Mais Rollo voulait rentrer chez lui, à Trollville. Il pouvait les semer s'il parvenait jusqu'aux chevaux avant eux.

Alors, je serai un fugitif, se dit le jeune troll. *Ils enverront toutes les forces de Crachoutos à ma recherche.*

Il regarda la cage. Il ne pouvait pas abandonner la pauvre fée aux mains de Styxus Rex. Il devait la protéger. Dès qu'ils verraient Chipie, les habitants de Crachoutos comprendraient qu'on leur avait menti pendant toutes ces années. Pas seulement au sujet de Bois-Joli, mais à propos de tout.

Rollo décida d'emmener Chipie avec lui et de la présenter aux trolls.

Il scruta l'horizon, cherchant la falaise où ils avaient campé. Une fois qu'il la vit se découper sur le ciel étoilé, il sut comment s'orienter. Il prit la cage et courut le long du gouffre en se tenant penché.

Au bout d'un moment, le troll sentit l'odeur des chevaux au loin. Ils étaient à l'endroit où ses compagnons et lui les avaient laissés. Dès qu'il retrouva les bêtes, Rollo accrocha la cage à l'une des selles et attacha les autres chevaux derrière lui. Il ne voulait laisser aucune monture à la disposition du sorcier. Murmurant des paroles douces à son cheval, Rollo saisit les rênes et l'enfourcha.

En cheminant, Rollo frissonnait, songeant à ce qui s'était passé. Il venait de se faire un ennemi et cet ennemi était nul autre que le maître absolu de Crachoutos, l'impitoyable sorcier Styxus Rex.

CHAPITRE SEIZE

EN CAVALE

Sous l'ombre maigre d'un arbre rabougri, Rollo s'arrêta pour se reposer et faire boire les chevaux. Même s'il avait régulièrement changé de cheval pour épargner les montures, les trois bêtes étaient à bout. Une des raisons de leur épuisement était qu'il avait traversé le désert en plein jour à l'heure du zénith. Il aperçut plusieurs arbres au loin, hélas ! à plusieurs lieues de là. Rollo voulait continuer à avancer, mais il n'était pas certain que les chevaux tiendraient le coup.

En l'absence de Styxus Rex et du général Bavant, les bêtes devenaient dociles et très amicales. Les coursiers étaient heureux de former une horde et d'être conduits par le troll. Mais Rollo ne savait trop ce qu'il ferait d'eux une fois qu'il serait à la rivière Glacia. Il chevauchait à travers la plaine aride pour éviter le camp de travail, ne sachant quand il atteindrait la rivière. *Devrions-nous camper là-bas et attendre la nuit ?* se demandait-il. *Ou devrions-nous continuer à avancer pendant qu'il fait jour et qu'il n'y a personne dans les environs ?*

Le troll se retourna et jeta un coup d'œil à sa deuxième monture. Il n'avait pas vérifié si tout allait bien du côté de Chipie et il espérait que la chevauchée ne l'avait pas trop secouée. Il détacha la cage avec délicatesse et la posa à l'ombre sur le sol. Puis il releva la cape de Bavant.

La pauvre fée gisait inconsciente au fond de la cage. Rollo l'ouvrit, glissa la main à l'intérieur et souleva doucement son corps inerte. Dès qu'elle fut sortie, la créature tourbillonna sur elle-même. Elle lui enfonça un dard pointu dans la paume et le troll poussa un cri en la laissant s'échapper.

Chipie voulait s'envoler dans le ciel et elle essaya de voler. Son aile droite s'agitait, mais son aile gauche pendait dans le vide. La fée décrivit une spirale dans les airs et atterrit finalement en faisant « ploc » sur le sol. Un des chevaux renâcla et recula nerveusement.

Rollo examina la coupure dans sa main et tressaillit en découvrant qu'un bout de métal était planté dedans. C'était un morceau de la cage.

– Pourquoi m'as-tu blessé ? demanda-t-il, en colère. C'est ta façon de me remercier de t'avoir sauvé la vie ?

La fée avait l'air fatiguée et paraissait ennuyée. Elle s'appuya sur ses coudes.

– Veux-tu me sauver la vie ou obéir aux ordres de Styxus Rex ?

– J'ai pris la fuite, grommela Rollo. À cause de toi, ma vie est complètement bouleversée. Je devrais t'abandonner ici tout simplement.

– Où sommes-nous ? demanda la fée, d'une voix effrayée.

Elle se leva et regarda le désert qui s'étendait à perte de vue. Des larmes mouillèrent ses yeux de jade.

– À Crachoutos, répondit Rollo. Le quartier minable de Crachoutos.

– Si tu veux vraiment m'aider, pourquoi ne me ramènes-tu pas à Bois-Joli ?

Chipie se frotta le nez en regardant Rollo d'un air indigné.

– Ils répareront mon aile brisée.

– J'ai songé à cela, murmura Rollo, en baissant la tête. Mais nous étions plus près de ce côté-ci du Gouffre. Et je ne peux pas voler sans l'aide de Styxus Rex et il est… quelque part derrière nous.

– En train d'incendier la forêt ?

– Probablement.

Rollo était las de se sentir accablé.

– Écoute, il m'a enlevé, moi aussi. J'ai volé au-dessus du Gouffre grâce à ses pouvoirs magiques. J'ai de gros ennuis à cause de ça. J'ai tout abandonné.

Le troll pleurnichait et s'apitoyait sur lui-même.

– Ce n'est pas la vie de rêve, ni une vie très longue. Mais je ne suis pas prêt à y renoncer. Et maintenant je ne pourrai plus épouser Ridicula. Alors cesse de gémir ou je les laisse nous rattraper!

Rollo recula lentement vers les chevaux, se sentant chagriné. Sa main lui faisait mal et il chercha un pansement dans la sacoche.

– Rollo, dit-elle d'une voix douce, je suis désolée. J'aurais dû me fier à ma première impression à ton sujet. Je trouvais que tu étais courtois et que tes compagnons étaient très grossiers.

– Aimerais-tu les avoir toujours sur le dos? demanda Rollo.

Il soupira.

– Peut-être avons-nous eu de la chance et que cette bande de fées a réussi à nous en débarrasser.

– Nous vous avons attaqués?

– Oui, vous nous avez attaqués!

Rollo lui raconta tous les détails de leur escapade au-dessus du Gouffre. Il lui expliqua qu'il avait abandonné Styxus Rex et que le général Bavant était tombé dans le gouffre.

– Je n'ai pas cessé de courir depuis, fit le troll.

– Où allons-nous ? demanda Chipie.

– Chez moi, au Morne Marais. On nous a raconté toutes sortes de choses stupides au sujet des fées et des elfes et je veux que les gens te voient. Ils doivent savoir que vous n'êtes pas des monstres.

– Nous avons également entendu dire des choses terribles à votre sujet, dit Chipie en fronçant les sourcils. Seulement, elles étaient vraies.

– Tu n'as pas rencontré tout le monde, s'empressa d'ajouter le troll. Tu as connu les plus vilains. Tu dois penser que nous sommes tous laids, mais il est difficile de savoir qui sont les bons et qui sont les méchants. Tu crois que les elfes sont bons, mais certainement pas les oiseaux.

– C'est vrai, admit Chipie en hochant la tête d'un air pensif. Rollo, tu es très intelligent pour un adolescent.

– Après ce que je viens de faire, je n'en suis plus aussi sûr.

Il prit un mouchoir dans la sacoche et l'enroula autour de sa main. Il essayait maladroitement de nouer les coins du mouchoir.

– Et toi, quel âge as-tu ?

– À peine quelques siècles, dit-elle avec coquetterie. Nous vivons longtemps.

Rollo baissa la tête.

– Chipie, je suis désolé. Je sais, tu ne voulais pas jouer les ambassadrices à Crachoutos, mais tu as décroché ce boulot.

–Y a-t-il des guérisseurs? demanda-t-elle. Quelqu'un qui pourrait soigner mon aile? Et ta main?

– Nous avons des gens qui peuvent tout arranger, promit le troll. Alors, tu viens avec moi?

– Oui, mais je ne veux pas être dans cette cage, dit la fée en désignant le cheval. Pourrais-je voyager au creux des sacs qui sont sur ta monture?

– Dans les sacoches? Bien sûr que oui.

Il souleva délicatement sa nouvelle amie et l'installa dans la sacoche en cuir.

– Ça va comme ça?

Elle sortit sa petite tête du sac.

– J'aimerais boire de l'eau.

– Nous en avons une bonne provision.

Rollo prit une gourde, versa de l'eau dans le bouchon et le tendit à Chipie. La fée but avidement et essuya sa bouche de sa main délicate.

– Merci, Rollo, ça ira. Alors que vas-tu faire de lui?

– De qui? demanda Rollo d'un air innocent.

– Tu sais de qui je parle: Styxus Rex.

– Euh… je n'y ai pas encore réfléchi.

Rollo attacha la cage à une des selles. Il ne voulait pas la laisser dans les parages. Puis il réussit à enfourcher son cheval avec un peu plus de grâce. « Il faudrait que tu y réfléchisses », avait dit la fée.

– Nous l'avons chassé de Bois-Joli, et tu vas sans doute le chasser de Bonespitlle.

Rollo se mit à rire nerveusement.

– Qui ? Moi ?

– Tu sais que quelqu'un doit le faire, insista la fée. Les fées savaient que ça allait se produire. Nous faisons des rêves et nous avons des visions… et tous les signes laissaient présager cela. Voilà pourquoi les elfes avaient placé des sentinelles près du Gouffre. Toutefois, nous ne nous attendions pas à voir voler des trolls.

– Les trolls ne voleront plus si on se débarrasse de Styxus Rex, dit Rollo tristement.

– C'est absurde ! fit la petite voix derrière lui. Je t'ai vu voler ! Je parie que tu peux voler sans son aide.

– J'aime autant ne pas essayer, grommela le troll. Allons-y.

Il donna un petit coup de talon au cheval et la caravane s'ébranla vers le soleil levant.

***

Les nuages et la brume les enveloppèrent au cours de l'après-midi, et la chaleur diminua, à leur grand soulagement. Rollo, Chipie et les chevaux perçurent la présence de la rivière avant même de l'apercevoir. Les chevaux pressaient le pas mais Rollo les retenait en observant ce qui se passait au camp de travail. Ils ne virent rien à part des traces de sabots de cheval sur le sol. *Des patrouilles,* pensa-t-il.

Rollo remarqua que les traces remontaient la rivière et s'éloignaient du camp. Il décida de les suivre. Les goules connaissaient peut-être un passage à gué leur permettant de traverser. Afin de suivre les traces, il mit pied à terre et avança en tenant les chevaux par la bride.

De la selle s'éleva un bâillement léger.

– Pourquoi ne pas traverser par ici? demanda Chipie. Ça ne semble pas très large. Si j'avais mes deux ailes…

– Eh bien, tu ne les as pas, répondit Rollo. Et moi, j'ai fini de voler. Nous allons trouver un endroit moins profond et nous traverserons à pied avec les chevaux.

Chipie regardait les rapides d'un air perplexe.

– Marcher?

– Oui, il y a des endroits où on peut traverser, dit Rollo d'un air buté. Je ne sais pas où ils se trouvent.

– Nous ferions mieux de les trouver au plus vite, suggéra Chipie, parce que j'entends le martèlement des sabots derrière nous.

– Quoi?

Le troll s'arrêta d'un coup sec et dressa ses oreilles pointues. Il percevait un bruit sourd, mais ne distinguait pas d'où il provenait à cause du bouillonnement de l'eau.

– Nous devons traverser ici, déclara-t-il. Tout de suite.

– Pourquoi? demanda Chipie. Ce ne sont peut-être pas ces vilaines gens. Ce sont peut-être les bonnes gens dont tu m'as parlé.

– Les bonnes gens n'ont pas de chevaux, j'en ai bien peur. En tout cas, pas à Crachoutos.

Rollo enfourcha sa monture et guida l'animal vers l'eau. Les chevaux crurent qu'il les menait boire. Il les laissa s'abreuver pendant quelques secondes. Puis il les pressa d'avancer.

Au bout d'une vingtaine de mètres, Rollo comprit qu'il avait commis une grave erreur. La rivière Glacia portait bien son nom : l'eau était froide à couper le souffle. Il chevauchait le plus gros cheval, l'étalon noir du général Bavant, mais la pauvre bête était submergée. En essayant de reculer, Rollo vit le cheval perdre pied et être entraîné par le courant.

Le troll dénoua immédiatement la corde qui retenait les autres chevaux et libéra les bêtes. Les chevaux seraient plus près de la rive et auraient plus de chances de s'échapper. Puis il entendit un cri au-dessus de l'eau rugissante et aperçut les sacs de cuir flottant au loin. Les sacoches ballottaient au gré de l'onde et Chipie agitait les bras désespérément.

D'un mouvement sec, Rollo attrapa les sacs, ce qui le fit tomber de cheval et se démener dans les rapides endiablés. Le troll tenta alors de nager. Ce fut peine perdue à cause de la force du courant. Ils n'étaient pas loin de la rive, pourtant elle semblait à des kilomètres de là. Rollo s'efforça de garder le sac hors de l'eau, mais il était à bout de souffle. Il reçut un coup de pied sur le bras et vit Chipie suspendue au sac.

– Vas-y ! cria-t-elle. Maintenant !

Il claquait des dents. Elle avait raison. S'il pouvait voler, c'était vraiment le moment de le faire. Rollo se concentra et se rappela la nuit où il avait traversé la rivière. Pour la seconde fois de sa vie, il allait savourer le fait de planer au-dessus du Gouffre ! Avec un frisson, le troll se souvint de l'air qui avait caressé sa fourrure durant ce vol. Il se sentait chez lui dans le ciel comme dans le marais.

Ces agréables souvenirs apaisèrent ses frissons, mais pas le froid. Rollo crut que ça ne fonctionnait pas et ouvrit les yeux. Il constata avec étonnement qu'il planait au-dessus des vagues. *Je vole!* se dit-il. Il pouvait le faire sans l'aide du mage. Il détenait le pouvoir magique!

Rollo n'eut pas le temps de savourer sa victoire. La brume s'épaississait, et Chipie s'accrochait au bout de son bras. Tremblante de froid, la fée lui sourit et Rollo la serra contre sa poitrine. Il regarda derrière lui, mais ne vit pas les chevaux à cause de la brume. Rollo était certain que deux d'entre eux avaient réussi à regagner la rive. *Le cheval de Bavant est une bête puissante et sait probablement nager,* se dit-il.

Lorsqu'ils atterrirent de l'autre côté de la rivière, Rollo s'effondra sur le sol en tremblant de froid. Chipie lui pinça le bras et lui souffla:

– C'était un étrange voyage, Rollo, et c'était le bon moment pour essayer de voler.

Cependant, le jeune troll avait l'air sombre.

– Ouais… merci.

– Qu'est-ce qui ne va pas?

Rollo s'assit et contempla la vaste étendue désolée.

– Voilà à quoi ressemblera ma vie, murmura-t-il. Fuir devant le bruit des sabots, plonger dans l'ombre, me cacher sous les ponts.

– Jusqu'à ce que tu te débarrasses de Styxus Rex, dit Chipie.

– C'est vrai.

Le troll roula des yeux et se releva. Ils avaient perdu les sacoches, les selles, les chevaux, la nourriture et l'eau et ils se retrouvaient à pied.

– Veux-tu t'asseoir sur mon épaule ? proposa Rollo.

– Bonne idée, répondit Chipie d'un ton enjoué.

Le troll souleva la fée trempée et l'épongea délicatement. Puis il la déposa sur son épaule et elle s'accrocha au lobe de son oreille. Avec la boue qui collait entre ses orteils, Rollo s'éloigna de la rivière Glacia et prit la direction de sa maison.

***

– C'est le cheval du général Bavant, dit le capitaine Masticor en désignant l'animal effarouché et trempé jusqu'aux os.

Il se tenait debout sur la rive la plus reculée de la rivière Glacia en compagnie d'un groupe d'ogres à cheval.

Le gnome, debout sur un chariot, hochait la tête pensivement.

– Oui, c'est son cheval, dit Nabo. Mais qu'est-il arrivé au général Bavant ? Et que sont devenus Styxus Rex et Rollo ?

– Cela demeure un mystère, avoua Masticor. Mais nous doublerons les patrouilles et continuerons à les chercher.

– Oui, oui. Vous devez faire ça ! ordonna Nabo avec nervosité.

Il n'aimait pas diriger, mais il n'avait pas le choix. Ni le maître ni le général Bavant n'étaient là.

– Prenez tous les ogres dont vous avez besoin. Pas de répit jusqu'à ce que vous les trouviez !

– Excusez-moi, dit la lieutenante Verna. La présence de ce cheval ne veut pas dire qu'ils sont dans les environs. Ils ont probablement laissé leurs chevaux au Gouffre et ceux-ci se seront échappés avant leur retour.

– C'est vrai ! s'exclama Nabo. Bien joué, Verna. Capitaine Masticor, emmenez vos ogres au Gouffre. Cherchez partout.

– Oui, monsieur, répondit le gros ogre, l'air résigné.

Il flaira le sol.

– Bon, suivons ces traces. Nous les trouverons. Allons, tous en selle !

CHAPITRE DIX-SEPT

MAISON, TRISTE MAISON

Le jour s'estompait quand Rollo parvint à Trollville. Il enveloppa Chipie dans sa chemise et la transporta comme un paquet, la dissimulant au cas où il ferait une mauvaise rencontre. Rollo se ranima à la vue des vieux ponts, mais le village était étrangement calme. À cette heure du crépuscule, les lève-tôt auraient déjà dû être en train d'installer leurs étals ou de creuser la terre à la recherche de larves. Pourquoi Trollville était-il aussi tranquille?

Nichée dans ses bras, Chipie sortit la tête. La fée regarda les alentours et son nez se retroussa avec insolence.

– Alors, c'est ça, les beaux quartiers de Crachoutos?

– C'est ici que vivent les trolls, chuchota Rollo. J'ai entendu dire que Fungus Meadows est magnifique, mais je ne l'ai jamais vu. Nous ne faisons pas dans la beauté… nous faisons des ponts.

– Alors, c'est plutôt réjouissant, approuva Chipie.

– Ça devrait bouger plus que ça, dit Rollo d'une voix inquiète. Il y a quelque chose qui ne tourne pas rond. Nous sommes presque arrivés. Baisse la tête.

– Il n'y a personne ! protesta la fée.

– Il y a peut-être des trolls qui nous surveillent sous les ponts, murmura Rollo. Crois-moi.

– D'accord.

La fée se cacha dans le baluchon. Rollo se faufila d'un pas furtif le long des ponts déserts, tendant l'oreille aux bruits de succion dans le marécage. Même les monstres du marais semblaient dormir.

Avec soulagement, Rollo atteignit la butte où vivait sa famille et se laissa glisser le long des racines visqueuses. Il racla ses pieds sur la vigne noueuse et essaya d'ouvrir la porte. Elle était verrouillée. Il frappa doucement. Il dut le faire plusieurs fois avant d'obtenir une réponse.

– Allez-vous-en ! tonna une voix tremblante.

Il ne reconnaissait pas la voix.

– C'est moi ! Rollo ! cria-t-il. J'habite ici !

– Non, non, Rollo est au camp de travail ! insista la voix aiguë. Nous mourons de faim… Ici, personne ne travaille.

– Pouillane ! hurla Rollo avec étonnement. S'il te plaît, ouvre la porte !

– Comment savoir si c'est vraiment toi ?

– C'est toi qui as voulu que je vole au-dessus du Trou l'autre jour, ce qui m'a valu bien des ennuis avec les ogres. Et ce n'est pas ce que tu as raconté aux parents.

– Dans le mille !

Le jeune troll piétinait nerveusement en entendant cliqueter un nombre infini de cadenas. Sa sœur apparut enfin sous la lumière tamisée et, oubliant leur querelle, ils s'embrassèrent chaleureusement.

– Comment t'es-tu enfui ? cria une voix de l'intérieur. Est-ce que d'autres gens se sont échappés du camp ?

– Maman !

Passant devant sa sœur, le jeune troll se précipita dans le taudis. Il vit sa belle grosse maman tapie dans l'ombre, éclairée par l'unique chandelle, et il l'enlaça fiévreusement. Vulgalia n'était plus aussi dodue ; sa fourrure pendait sur son corps flasque.

– As-tu apporté de la bouffe ? hurla Pouillane en s'emparant du paquet dans ses bras.

Elle se précipita vers le foyer, installa le baluchon sur les bûches et déchira les guenilles.

Chipie tomba sur les cendres froides, et se redressa, l'air furieux.

Pouillane applaudit.

– Ohhh, c'est formidable ! Tu nous as apporté un gros... Qu'est-ce que c'est ? Un poisson volant ?

– Vous n'allez pas me manger, bande de brutes !

Chipie secoua la cendre de ses ailes et croisa les bras.

– Non, non ! cria Rollo, accourant vers le foyer. C'est mon amie, Chipie !

Il poussa sa sœur et regarda la fée. À son grand soulagement, elle avait dénoué ses bras et ne lançait pas de mauvais sort.

– Ils sont bouleversés, expliqua-t-il à son invitée. Il a dû se passer quelque chose de terrible ici.

– Nous n'avons pas de nourriture, dit sa mère sur un ton de reproche, et tu amènes une autre bouche à nourrir ? Même si c'est une petite bouche.

– Qu'est-ce que c'est ? demanda Pouillane, en examinant la fée avec curiosité.

– Une fée, répondit Rollo. Elle vient de l'autre côté du Gouffre.

Les deux trolls clignèrent des yeux.

– Ça ne peut pas être une fée, fit Pouillane d'un air moqueur.

C'était bien sa sœur.

– Elles sont grosses et féroces. On t'a joué un tour, mon frère.

Chipie éclata de rire. Voyant que Rollo demeurait sérieux, elle s'assombrit aussitôt.

– Écoute, c'est une longue histoire, dit le jeune troll. La tienne doit être plus courte. Qu'est-ce qui s'est passé ici ?

Sa mère versa quelques larmes et s'assit directement sur le sol.

– La première nuit, des témoins nous ont dit que tu avais été enlevé par des goules et des ogres. Tu t'entends bien avec tout le monde, alors nous avons cru que tu t'en sortirais.

Elle sourit et lui caressa le genou.

– Je suis heureuse de voir que c'était vrai. Les nuits suivantes, tout est redevenu normal, si on considère comme normal qu'il manque autant de villageois. La troisième nuit, ils sont venus chercher toute la nourriture. Et je veux vraiment dire toute la nourriture. Ils disaient en avoir besoin pour nourrir les constructeurs de pont.

– Ça ressemble plutôt à une armée, marmonna Pouillane.

La voix de Vulgalia s'étrangla et elle ravala ses larmes.

– Enfin, les goules se sont rendu compte qu'elles avaient oublié ton père. Elles sont venues le chercher il y a deux nuits.

– J'ai dû le rater au camp, dit Rollo avec colère, en frappant son poing au creux de sa paume.

Vulgalia regardait sa fille d'un air inquiet.

– J'avais peur qu'ils ne viennent chercher Pouillane. Nous avions tous tellement peur. Trollville s'est vidé comme un marais asséché.

– Tout le monde a peur de sortir, ajouta Pouillane d'un ton lugubre. Mais nous devons partir parce que nous n'avons plus rien à manger. Je vais rejoindre d'autres jeunes qui sont cachés ailleurs. Nous voulons combattre les goules, mais nous ne savons par où commencer. Je ne veux pas rester ici, ils peuvent nous trouver et maman refuse de quitter ce vieux taudis.

– Nous avons travaillé fort pour ce vieux taudis ! protesta sa mère. Le toit ne coule pas trop, les ponts sont en bon état et le sol regorge de larves.

– Mais plus maintenant, marmonna Pouillane qui regardait la fée avec appétit et se léchait les babines.

La petite fée la dévisageait.

– Écoute ton frère ! répliqua Chipie avec indignation. Rollo est devenu quelqu'un d'important dans votre société. Lorsque je l'ai rencontré, il voyageait dans Bois-Joli, en compagnie de Styxus Rex et du général Bavant.

– Quoi ? demanda Vulgalia en jetant un regard effrayé au portrait de Styxus Rex sur le mur. Tu les as rencontrés ?

– Il était leur ami, répondit Chipie. Rollo, le sorcier et le mort s'entendaient très bien.

Vulgalia faillit s'évanouir.

– Tu ferais peut-être mieux de nous raconter ton histoire, mon fils.

Rollo ouvrit la bouche pour parler quand sa sœur bondit vers la porte et la verrouilla en faisant cliqueter les cadenas et les chaînes.

– On n'est jamais trop prudents, expliqua-t-elle. Nous devrions parler plus bas aussi.

– C'est vrai, fit Rollo en se demandant s'il avait bien fait de revenir à la maison. Ce n'était pas l'endroit idéal pour abriter deux fugitifs.

***

– Quoi ? hurla Pouillane en frappant son frère derrière la tête. Tu avais des chevaux et tu n'as pas songé à en ramener un seul pour le souper ?

– Nous les avons perdus dans la rivière, lança Chipie pour défendre Rollo. Le courant était déchaîné et ton frère a dû voler pour nous sortir de là.

Pouillane cligna des yeux devant la fée.

– Tu veux dire qu'il a dû nager très vite.

– Non, je veux dire qu'il s'est élevé au-dessus du sol et qu'il a volé… par lui-même.

La mère de Rollo lui lança un regard plein d'inquiétude.

– Est-ce vrai, mon fils ?

Le troll secoua ses larges épaules.

– C'est vrai. La première fois que j'ai volé, c'était grâce aux pouvoirs de Styxus Rex. Il disait que ses pouvoirs pouvaient se transmettre à d'autres. Je croyais que j'avais besoin du mage pour voler.

Rollo regarda Chipie, qui lui souriait d'un air complice.

– Chipie m'a dit que je pouvais le faire tout seul et c'est ce que j'ai fait.

Soudain des bruits de sabots s'élevèrent du pont au-dessus d'eux et ils restèrent interdits. Personne ne souffla mot jusqu'à ce que le silence revînt.

– Vous ne pouvez pas rester ici, dit Vulgalia d'un air triste. C'est le premier endroit qu'ils viendront fouiller.

– Tu as raison, murmura Rollo. Pouillane, où sont tes amis, ceux qui se cachent des patrouilles ?

– Il y en a sous les ponts, mais presque tous sont dans la Forêt Oubliée.

– Une forêt ? demanda Chipie, le visage radieux.

– Oui, répondit Rollo. C'est probablement le meilleur endroit où se réfugier. Comment les retrouver ?

– Je connais leurs cachettes, clama sa sœur fièrement. Ils vont puiser de l'eau au Trou.

– Alors nous devons y aller, nous aussi.

Rollo souleva doucement Chipie et chercha son vieux sac à dos dans le taudis. Il le trouva et fut heureux de constater qu'il était parfait pour transporter Chipie.

– Je ne vous reverrai jamais ! gémit Vulgalia. Ni votre père !

Elle se mit à sangloter et Rollo prit dans ses bras sa « petite » maman.

– Ne t'inquiète pas pour lui. Crois-moi, papa n'a jamais autant mangé de sa vie. Et moi, je sais voler. Je pourrai toujours m'enfuir.

– Oui, ma petite sangsue chérie, dit sa mère, en lui caressant la joue. Tu es devenu tellement important, tu es l'ami du sorcier et voilà que tu te dresses contre lui.

À cette pensée, elle éclata en sanglots.

– Peut-être qu'il est mort, lança Pouillane pour la consoler.

Elle se dirigea vers la porte, la déverrouilla et l'entrouvrit légèrement.

– Viens, Rollo, il fait noir maintenant, c'est le moment de partir. Je vais prendre les devants.

Pendant que Pouillane gravissait le pont, Rollo enlaça sa mère. Il entendit sa sœur siffler. Il souleva le sac dans lequel se trouvait Chipie et s'enfonça dans l'obscurité.

Quand il rejoignit Pouillane, il lui demanda :

– Comment va Ridicula ?

– Je ne sais pas, chuchota-t-elle. Je me fais du souci pour tout le monde.

Rollo n'aurait pas pensé être aussi heureux de revoir la Forêt Oubliée, particulièrement en pleine nuit. Le marécage était une véritable oasis avec ses arbres déformés, ses buissons épineux et sa mousse dense. Il put enfin se laisser choir sur le sol et se reposer un peu pendant que Chipie sortait du sac et s'étirait.

Lorsqu'elle regarda les alentours, la fée se réjouit aussitôt. Même si le bosquet donnait la chair de poule et ressemblait peu à sa belle forêt luxuriante, elle se sentit chez elle. Elle demanda à Rollo de l'installer sur une branche, à quelques pieds du sol, où elle se fabriqua un nid avec des feuilles sèches et de la mousse.

Pouillane les quitta pour aller à la recherche de ses camarades dans la forêt. Rollo souhaitait que tout redevienne comme avant… avant que Styxus Rex n'arrive dans le village. Mais comment faire ?

Avec un petit bâillement, la fée se coucha dans son nid pour dormir.

– Bonne nuit, Rollo.

– Tu dors pendant la nuit? demanda-t-il, étonné.

– Nous jouons souvent dehors jusqu'au crépuscule et nous nous couchons vers minuit. Comme ça, nous avons le loisir de voler toute la journée.

Rollo baissa la tête.

– Je suis désolé que nous n'ayons pas eu le temps de trouver quelqu'un qui puisse réparer ton aile.

– Ça va, dit-elle gentiment. Maintenant que je sais comment les trolls sont traités à Crachoutos, je me sens surtout désolée pour toi. Un de nos guérisseurs à la maison arrangera mon aile. J'ai confiance en toi, Rollo, je suis certaine que tu me ramèneras chez moi lorsque nous aurons terminé notre tâche ici.

– Je te le promets, répondit le troll. Je te ramènerai chez toi.

– Maintenant, tu dois dormir, insista Chipie. Ton estomac grogne et tu n'as pas dormi depuis longtemps. Tu as besoin de repos et de refaire le plein d'énergie pour demain.

– Tu as raison, dit-il en bâillant. Ça me fera du bien de dormir un peu même s'il fait encore nuit.

Le gros troll se recroquevilla sur son lit de fougère et de feuilles.

Il s'endormit dès qu'il ferma les yeux.

CHAPITRE DIX-HUIT

TARD DANS LA JOURNÉE

Un grand éclat de rire tira Rollo du profond sommeil dans lequel il était plongé. Il croyait rêver. Quand il entendit des éternuements, il se dit qu'il valait mieux qu'il se réveille. Cela voulait dire que Chipie était en danger, car elle était seule et sans défense.

Rollo s'agenouilla et il dut se protéger les yeux contre le soleil. La Forêt Oubliée n'était pas comme Bois-Joli, rempli de rayons de soleil filtrés par les épaisses frondaisons des arbres. Il reconnut la lumière vive et dorée de l'après-midi : il avait dormi trop longtemps.

Le troll bondit sur ses pieds ; il devait sauver Chipie parce qu'elle avait jeté un sort à quelqu'un pour qu'il éternue. Puis il entendit un autre rire et, guidé par le son, il se rendit dans un sous-bois où babillait une bande de trolls.

Au milieu, il aperçut Chipie en train de danser et de pirouetter comme un petit diable. Elle tourbillonnait sur elle-même et aussitôt un des spectateurs se mettait à éternuer ou à se gratter le pied. Cela faisait rigoler les autres trolls et, parmi eux, Pouillane, qui riait aux éclats.

Rollo fut étonné de voir ce groupe de réfugiés : des jeunes, des vieux et des vieilles, ainsi que plusieurs enfants. Ils étaient une quarantaine. *Ils sont comme moi,* se dit-il. *Ils ont abandonné leur foyer pour combattre Styxus Rex.*

– Bonjour, Rollo ! cria Chipie en lui faisant un signe.

Elle termina son numéro et courut à sa rencontre en tenant son aile blessée de l'autre main.

Elle semblait radieuse.

– Je leur ai dit combien tu avais été brave au Gouffre. Savais-tu que les elfes et les trolls ont le même sens de l'humour ?

– Je te crois, fit le troll avec un sourire troublé.

Il regarda les spectateurs dont les sourires s'estompaient en contemplant l'étendue lugubre autour d'eux. Les meilleures cachettes étaient les buissons épineux et les arbrisseaux. Sans compter les marécages, si des monstres ne s'y cachaient pas.

Rollo haussa ses larges épaules.

– Qui est le chef ici ?

– Personne, répondit une voix rauque. Mais je sais qui devrait être le chef.

À l'arrière du groupe se détachait une frêle silhouette appuyée sur une béquille et soutenue par une jeune troll. Le vieux troll était tellement abattu et faible que Rollo ne l'avait pas reconnu à son arrivée. En le voyant s'avancer vers lui, il s'écria :

– Maître Kronck !

Rollo s'élança vers son vieux maître et le prit par les épaules. La dernière fois qu'il l'avait vu, il était sous le charme de Styxus Rex et il avait l'air aussi mort qu'une goule.

– Comment vous êtes-vous échappé ? Est-ce que ça va mieux, maître ?

Kronck fit signe que oui et pria Rollo de s'asseoir sur le sol. Tous les deux s'assirent et les autres firent un cercle autour d'eux.

– Les gardes doivent surveiller, ordonna Kronck.

– Oui, monsieur, fit une voix dans la forêt.

Le maître artisan secoua la tête et regarda Rollo d'un air très triste.

– Tu as été très brave… J'ai été faible et lâche.

– Non, monsieur, je ne suis pas d'accord, répondit Rollo. Styxus Rex est un magicien très puissant.

– Je leur ai raconté tout ce qu'ils voulaient savoir, tout ce qui est utile et tout ce qui ne l'est pas.

La voix du vieux troll tremblait et il se couvrit les yeux pour cacher sa honte.

– Je ne pouvais pas m'empêcher de répondre à leurs questions. Pendant ce temps, toi... tu volais au-dessus de la rivière comme si tu avais eu des ailes. Comme cette petite chose.

– Oui, mais vous vous êtes échappé. Vous êtes ici!

Kronck hocha la tête.

– Heureusement, vous avez quitté les lieux, toi, Styxus Rex et le général Bavant. Dès votre départ, j'ai commencé à me sentir mieux. J'ai repris mes esprits et j'ai fait semblant d'être encore sous le charme. Ils ne me surveillaient pas beaucoup et j'ai pu m'enfuir.

Le vieux troll frissonna et serra sa béquille contre sa poitrine.

– Mais les goules m'ont poursuivi. J'ai pu leur échapper en plongeant d'une falaise et elles ont cru que j'étais mort. Heureusement, nos amis n'étaient pas loin et ils ont vu la scène. Ils m'ont ramené ici.

Il adressa un regard plein de gratitude aux trolls rassemblés autour de lui et ceux-ci lui sourirent avec respect.

– Il y a de plus en plus de gens chaque nuit, dit Pouillane en scrutant le groupe. Ce matin, il y a au moins cinq nouveaux visages. Mais il y a peu de nourriture et ça fourmille d'ogres dans les environs.

Chipie chuchota à Rollo :

– Je devine que les ogres ne sont pas bons ?

– Ils sont ses serviteurs, comme nous d'ailleurs, répondit Rollo. Styxus Rex, c'est lui, le problème. Est-ce que quelqu'un sait… s'il est revenu du Gouffre ?

Kronck secoua la tête et consulta les autres du regard. Ils secouèrent tous la tête. Personne ne le savait.

– Crois-tu que nous pouvons rentrer à la maison ? demanda un enfant.

– Non, fit Rollo d'un ton sec. Hier soir, nous avons vu des goules à cheval et elles raflent encore des trolls pour les envoyer au camp de travail.

– Les ogres sont agités, dit Kronck. Ils n'ont pas aimé se faire éclipser par une bande de trolls qui, eux, ont réussi à voler. Je crois qu'ils veulent rentrer à la maison eux aussi.

– Je crois que le principal problème, c'est la nourriture, gloussa Chipie.

Tout le monde se tut et regarda la minuscule fée. Elle secoua ses épaules.

– Si vous aviez assez de nourriture, vous n'auriez pas besoin d'eux, où que vous soyez.

– Elle parle comme un troll ! tonna Kronck. Même si vous êtes trop petite pour être une des nôtres. Je suis d'accord avec Chipie ! Où pouvons-nous trouver de la nourriture, qu'elle soit à nous ou non ?

– Au camp des ogres, dit Rollo, mais je ne vous conseille pas d'aller là-bas.

Pouillane claqua des doigts et fit un large sourire.

– Moi, je le sais ! Dans le Trou ! Il y a un gros crocodile et une grosse pieuvre là-dedans. Si nous les attrapions avec un filet et que nous les mangions ? D'accord, c'est du braconnage. Et puis après ?

Des acclamations accueillirent cette proposition. Les trolls bondissaient de joie.

Chipie regarda Rollo.

– Un crocodile ? Une pieuvre ? Est-ce que c'est bon ?

Le gros troll avala sa salive.

– Seulement si tu réussis à y goûter avant qu'ils ne te goûtent.

– Rollo, tu dois diriger la bande, dit soudainement Kronck. Nous avons besoin d'un chef pour mener cette rébellion, et ce chef, c'est toi. Si nous rassemblons tous les trolls qui se trouvent au camp, nous disposerons d'une armée. Ils t'ont tous acclamé… ils te suivront.

– Me suivre dans quoi ? demanda Rollo. Dans une bataille rangée contre un sorcier fou qui lance des boules de feu ? Une guerre contre des ogres qui s'entraînent depuis des années, pas seulement depuis quelques jours ? Je suis des vôtres, mais je ne sais pas combien de temps nous tiendrons le coup. J'essaie de sauver Chipie.

– Ne t'occupe pas de moi, fit la petite fée. Sauve Crachoutos.

– C'est une très bonne idée, répliqua Pouillane. Mais d'abord, nous devons manger. Tout le monde au Trou !

Elle agita la main, invitant la bande de trolls en loques à la suivre dans la forêt.

Rollo ramassa Chipie et l'installa dans son sac à dos, puis il aida maître Kronck à se relever. Ils marchaient derrière les autres.

– Vous plaisantez, n'est-ce pas ? demanda-t-il au vieux troll. Il y a une semaine, je n'étais qu'un piètre apprenti et, aujourd'hui, vous voulez que je devienne le chef de tous ces trolls ?

Maître Kronck sourit.

– J'ai finalement trouvé le travail qui te convient.

***

Les autres étaient déjà rendus au Trou. Rollo, Chipie et Kronck tardaient à les rejoindre. Ils entendaient l'écho de leurs voix à travers le bosquet endormi. *Ce n'est pas prudent,* pensait Rollo avec inquiétude. Comme dans Bois-Joli, aucun oiseau ne chantait ; la forêt était étrangement calme.

Tous trois gardaient le silence en approchant de leur destination. Les poils hérissés sur son corps, Rollo voulait se cacher au plus vite sans déclencher une fausse alerte. Chipie s'était endormie, ronflant légèrement, donc incapable de l'aider. Kronck faisait de son mieux en s'appuyant sur sa canne, mais le vieux troll était épuisé.

Tu deviens fou, se dit Rollo. *Ici, il n'y a rien que des moustiques gros comme ton pouce.*

Le vent tourna, transportant une étrange odeur, une odeur de viande pourrie. Rollo leva le nez et réalisa qu'il reconnaissait cette odeur.

Un éternuement se fit entendre dans les sombres fourrés.

– Maître Kronck, chuchota Rollo, tenez mon sac à dos et prenez Chipie dans vos mains.

Il se hâta de sortir la fée du sac, tout en accélérant le pas.

– Pourquoi ? demanda le vieux troll en essayant de le suivre.

– Vous allez monter sur mon dos, dit Rollo. Nous devons courir.

Son instinct lui disait de ne pas approcher du Trou, mais il devait avertir les autres qu'ils n'étaient pas seuls. Rollo espérait se tromper, se disant que l'odeur était celle d'un rat mort, mais il se rappelait trop bien cette odeur pour en douter.

Il l'avait sentie pendant des jours et des jours.

– Quoi ? Où sommes-nous ? murmura Chipie en s'éveillant alors que Rollo la confiait à Kronck.

Des branches remuèrent derrière eux et Rollo tourna le dos au vieux troll.

– Accrochez-vous !

Il s'accroupit, agrippa les jambes de Kronck et le hissa sur son large dos. Avec un grognement, Rollo se mit à courir juste quand un filet jaillissait entre les branches. Il tomba derrière le jeune troll et ce dernier se mit à courir encore plus vite.

– Les ogres ! Les goules ! hurla-t-il en déguerpissant vers le Trou pour rejoindre les autres trolls.

Des cris et des appels retentirent en avant sur le sentier et Rollo vit des silhouettes bestiales remuer dans l'ombre. Des grognements, des bruits de branches cassées et des pas lourds s'élevaient de partout à la fois, et Rollo comprit qu'on leur avait tendu une embuscade. Il y avait des ogres dans tous les coins !

En titubant vers la clairière, il vit d'autres pièges. Les ogres surgirent de derrière les arbres en leur lançant des filets et en les menaçant avec des armes. Rollo fonça la tête la première et faillit s'écraser de tout son long dans un profond marécage qui n'était nul autre que le Trou. Ses orteils s'arrêtèrent au bord du trou, faisant débouler un peu de terre.

– Rollo !

Le jeune troll pivota sur lui-même et aperçut Pouillane sur le sol. Un gros ogre était assis sur elle et essayait de lui attacher les mains, tandis qu'elle se débattait férocement. Les autres trolls avaient été capturés. Avec Kronck et Chipie sur son dos, Rollo ne pouvait pas faire grand-chose pour les aider. Il n'y avait pas moyen de s'enfuir ; il était collé au bord du Trou.

– Descendez, maître, dit-il en déposant Kronck.

Dès que le vieux troll se laissa choir sur le sol, Chipie sauta sur l'épaule de Rollo.

– Éloigne-toi de l'eau, siffla une voix.

En sursautant, le jeune troll se retourna et aperçut la face décomposée du général Bavant. Ses beaux vêtements étaient sales et déchirés, et son visage était noirci par la fumée et la lave. Il ressemblait à un fond de casserole rempli de vers carbonisés, et le feu de l'enfer brûlait dans ses prunelles vides.

– Donne-moi la fée, dit la goule en tendant sa main squelettique.

Rollo devinait que Bavant craignait qu'il ne jette Chipie dans l'eau glauque du Trou, ou qu'il ne s'y jette lui-même. Plusieurs ogres le maintenaient en joue avec leurs arbalètes armées de filets, mais nul d'entre eux ne semblait vouloir tirer.

Le soleil brillait à travers les branches éparses et Rollo distinguait chacun d'eux très nettement. Parmi les ogres, il reconnut Masticor et la lieutenante Verna, qui le dévisageaient d'un air furieux et étonné. Personne ne bougeait, tous les yeux étaient braqués sur lui. Puis Rollo se souvint qu'une fée se tenait sur son épaule et il se dit que les ogres n'avaient jamais vu une de ces merveilleuses créatures.

Chipie, qui affichait un air digne, frémissait de peur, cachée dans sa toison.

– Oui, capitaine Masticor, c'est une fée, dit Rollo à l'ogre costaud. Pendant des siècles, vous, les gros méchants ogres, vous avez eu peur de ces petites créatures. Le général Bavant ne les craint pas, il veut en faire ses esclaves et les effacer de la carte. Voulez-vous vraiment construire un gros pont, simplement pour anéantir ces petits êtres ?

Le général Bavant éternua bruyamment, répandant la moitié de sa cervelle aux pieds de Rollo. Il renifla en émettant des gargouillis.

– Tu as raison, troll. Je m'inquiète de son sort et du tien ! Tu te crois intelligent, mais je t'ai retrouvé dès que je suis sorti du Gouffre. Ce que j'ai vu au fond… Ah, laissons tomber ! Je t'ai retrouvé grâce au couteau, tu sais, mon couteau.

À sa grande surprise, Rollo sortit le couteau à têtes de serpents de sa ceinture. Il voulait le jeter au loin. Mal lui en prit car, voyant cela, le général Bavant tira son épée, croyant qu'il le défiait. Les ogres brandirent leurs armes, les traits crispés et les muscles tendus. Rollo resserra les doigts sur le couteau.

– Comme je te l'ai dit, bégaya la goule, je m'inquiète de votre sort. Le maître n'est pas ici… Il n'y a personne pour te sauver. Nous lui dirons que tu as été tué alors que tu t'enfuyais.

La goule fit tournoyer l'épée au-dessus de sa tête et en dirigea la pointe vers le ventre de Rollo.

CHAPITRE DIX-NEUF

LES ALLIÉS

Tout en surveillant l'épée de Bavant, Rollo se rappela comment parer le coup. Lorsque le général attaqua, Rollo attrapa l'épée avec la garde de sa dague. La goule et le troll croisèrent les fers et Rollo usa de tout son poids et de toute la force de ses muscles pour repousser le général Bavant loin du Trou.

Une fois à l'écart, le troll bondit en arrière et chercha une façon de s'enfuir. Or, chaque arbre était gardé par un ogre. La goule pointa son épée et comme elle allait embrocher Rollo, elle fut secouée par un éternuement du tonnerre. Le rire de Chipie fusa à l'oreille de Rollo.

Le troll profita de cette diversion pour regarder autour de lui. Il aperçut une solide liane au-dessus de sa tête et la ramena vers lui d'un coup sec à l'aide de son couteau. Il s'agrippa à la liane comme il avait eu la chance de le faire il n'y avait pas si longtemps. Rollo recula et bondit dans le vide. Il avait pris un bon élan et traversa le Trou à toute vitesse.

Le général Bavant venait à peine de cesser d'éternuer que Rollo fonçait droit sur lui. La goule faillit tomber dans le Trou mais elle s'agrippa à la taille du troll. Chipie était en haut de la liane, Rollo, au centre, suivi du général Bavant. Tous les trois survolaient l'eau trouble.

Rollo savait ce qui allait se passer et il tenta de relever les jambes. Le général Bavant postillonnait de rage, mais ses jambes frôlaient l'eau. Un long tentacule surgit des profondeurs et s'enroula autour du cou de Bavant. Un instant plus tard, d'énormes mâchoires émergèrent de l'eau et se refermèrent autour de sa taille.

Les bras puissants de la goule enserraient Rollo et essayaient de le faire tomber dans l'eau. Le troll planta son couteau dans la main de Bavant en souhaitant qu'il desserre les doigts. Avec un gargouillement de surprise, le général Bavant lâcha prise et disparut dans les remous.

Rollo avait perdu son élan. Chipie et lui pendaient au-dessus du Trou. Les mâchoires avides et les tentacules n'étaient plus qu'à quelques centimètres d'eux. Rollo glissa son couteau dans sa ceinture et commença à se hisser plus haut. Le général Bavant n'avait pas eu autant de chance: les monstres l'avaient déchiqueté en mille et un petits morceaux. Dans l'eau agitée, le crocodile et le poulpe se disputaient les ultimes morceaux de sa personne.

Il faut vraiment qu'ils soient affamés pour manger ça, pensa Rollo en frissonnant. Il jeta un coup d'œil aux alentours et vit que les ogres et les trolls le regardaient tous d'un air ébahi. Ils étaient bouche bée. Ils avaient obéi au général Bavant tous les jours de leur vie et voilà qu'il venait de disparaître pour toujours. Après un tel festin, il était impossible que ses restes puissent être rassemblés.

– Ils sont renversés, chuchota Chipie à son oreille. C'est peut-être le moment de voler.

– Tu as sans doute raison, dit le troll. Accroche-toi.

La fée agrippa la touffe de cheveux sur le sommet de sa tête pendant que Rollo se concentrait et se remémorait la merveilleuse sensation de voler. Il était à bout de souffle, mais le sol ferme n'était pas loin.

Rollo se vit en train de planer au-dessus du Gouffre comme un oiseau, certes un oiseau maladroit, mais qui volait. Quand il éprouva une sensation de légèreté dans son estomac, il comprit qu'il était sur le point de décoller.

En se fiant à son instinct, il lâcha la liane et s'éleva dans les airs. Les spectateurs poussèrent des « ohh ! » et des « ahh ! » durant ce bref envol. Rollo avait à peine pris son essor quand il atterrit près d'une bande d'ogres massés sur la rive.

– Tu as tué le capitaine Bavant ! dit le capitaine Masticor d'une voix rauque.

– Je ne peux pas croire que tu as fait ça, ajouta la lieutenante Verna qui semblait réprimer un sourire.

– Et tu as volé dans les airs ! s'exclama Pouillane avec admiration.

– Nous avions dit qu'il pouvait le faire, fit Chipie. Et ce n'est pas de sa faute s'il a fallu qu'il se défende contre votre général Bavant. Vous ne devriez pas le lui reprocher.

Les ogres contemplaient la petite fée impétueuse avec curiosité.

– Est-ce à ça que ressemblent ceux qui vivent de l'autre côté du Gouffre ? demanda Verna.

Rollo hocha la tête.

– En effet. Chipie est un peu magicienne, mais le pire sort qu'elle puisse vous jeter est de vous faire éternuer. C'est ce qui est arrivé à Bavant.

Il sourit à sa petite amie.

Maître Kronck tituba vers eux.

– Laissez-nous partir, capitaine Masticor. Vous n'avez plus à obéir aux ordres de Styxus Rex.

– Ne plus obéir à Styxus Rex ? dit Masticor d'une voix médusée. Qui allons-nous servir ?

– Vous-mêmes, répondit Rollo. Soyez vos propres maîtres. Nous, les trolls, c'est ce que nous allons faire.

Les trolls captifs crièrent qu'ils étaient d'accord et certains d'entre eux s'écartèrent de leurs ravisseurs.

Le capitaine Masticor leva son arbalète et la dirigea vers Rollo.

– Avez-vous l'intention de vous soulever ?

– C'est déjà fait, rétorqua Rollo avec franchise. Je n'ai pas songé à le faire, mais je l'ai fait de toute façon. Nous ne pouvons plus laisser Styxus Rex mener nos vies. C'est un être cupide et assoiffé de pouvoir. Voulez-vous passer le reste de votre existence à construire un pont ? Ou même risquer de la perdre ?

L'ogre trapu maugréait en secouant la tête.

– Nous les ogres, nous n'avons jamais cru que nous pouvions voler et Styxus Rex s'est moqué de nous. Puis nous avons passé la semaine à faire la cuisine et le ménage pour vous, les trolls ! Par-dessus le marché, il a fallu vous enseigner à vous battre. Votre petite révolte me prouve à quel point c'était stupide. Mais qu'arrivera-t-il si Styxus Rex n'est pas mort ?

Rollo bondit de joie.

– Sans l'aide des ogres, il n'est rien. Nous savons que les goules lui obéiront, mais elles ne sont pas nombreuses. Nous pouvons les combattre.

– Nous avons prêté serment à Styxus Rex ! dit le capitaine Masticor avec inquiétude. Nous ne pouvons nous rallier à vous… et nous battre contre lui !

– Je ne veux pas que vous le combattiez ! répliqua Rollo. Je veux que vous ne fassiez rien du tout. Prenez une journée de congé. Nous savons que nous devrons combattre les goules et nous sommes prêts à le faire. Nous combattrons aussi Styxus Rex, s'il revient, mais nous ne voulons pas nous battre contre les ogres. J'imagine que nous le ferons si c'est nécessaire.

Rollo adressa un sourire à son vieil ennemi.

– Capitaine, c'est vous qui avez dit que nous étions assez nombreux pour faire ce que nous voulons, à condition de nous unir. Je crois que nous sommes prêts.

– Renverser le maître ? dit Masticor.

Il avait l'air d'en douter, comme si c'était impossible.

Rollo riposta :

– Pendant deux cents ans, nous avons été gouvernés par un vieux pingre de sorcier. C'est assez ! Je ne vous demande pas de vous soulever contre quiconque, capitaine Masticor, je vous demande simplement de prendre une nuit de congé ou deux. Allez à la pêche.

Masticor avait l'air confus, ne sachant plus trop quoi faire, et Verna s'éclaircit la voix.

– Capitaine, chuchota-t-elle, nous pouvons envoyer l'armée des ogres à la recherche de nos chefs qui ont disparu. Ce sont les ordres de Nabo, les chercher jusqu'à ce qu'on les trouve. Personne ne sait que nous avons trouvé Rollo et le général Bavant, à l'exception de cette patrouille-ci. Et nous sommes vos loyaux sujets.

– C'est bon à savoir, marmonna le gros ogre en reniflant. Rollo, les ogres seront absents au cours des deux prochaines nuits. Nous reviendrons après-demain. Vaquez à vos occupations ou sinon vous aurez affaire à nous.

– Oui, capitaine, dit Rollo en se mettant au garde-à-vous. Merci, monsieur. Nous ferons notre travail.

– Nous vous laisserons aussi des provisions.

Il jeta un coup d'œil sur l'épaule de Rollo et secoua la tête.

– Et veillez sur cette petite fée. Je crois que vous ne réussirez pas sans elle.

– Je le sais, répondit Rollo.

Masticor rassembla son équipe et ordonna:

– Relâchez les prisonniers et laissez-leur vos provisions! Tout le monde en selle, nous retournons au camp!

La nourriture fut distribuée et les trolls remercièrent les ogres. Masticor rassembla ses troupes et les conduisit dans la forêt. Affamés comme des loups, les trolls dévorèrent le hachis d'écureuil et la tarte aux sangsues. Chipie prit une petite bouchée et dit qu'elle préférait aller cueillir des baies dans les fourrés.

– Hé, regardez! dit Pouillane, en désignant le Trou.

Sa voix était si aiguë que tout le monde cessa de manger et regarda dans le Trou. Rollo n'en croyait pas ses yeux.

Le crocodile flottait sur l'eau comme un billot et le poulpe ressemblait à un énorme coussin couleur lilas. Ni l'un ni l'autre ne bougeait, glissant au fil de l'onde.

– Les monstres sont morts d'avoir mangé le général Bavant, expliqua Kronck. Ils ne l'ont pas bien digéré.

– Nous pourrions les repêcher et les faire cuire, suggéra un enfant.

– Non, merci, répondit Pouillane, en mettant sa nourriture de côté. Ça me coupe l'appétit. Ce ne sera plus aussi amusant d'écumer le Trou.

– Écoutez, dit Rollo, il y a plein de nourriture au camp et les ogres auront vidé les lieux d'ici quelques heures. Allons chercher tous les habitants de la ville et emmenons-les avec nous. Ils nous suivront partout si nous leur promettons de la nourriture.

– Ils te suivront dès qu'ils apprendront que tu as tué le général Bavant.

– Mais… ce n'est pas moi… ce sont ces…, fit-il en pointant le doigt vers les deux monstres.

Leurs dépouilles flottaient dans le marais, ils n'avaient plus rien de menaçant.

– Nous leur dirons, insista Kronck, en désignant les trois douzaines de trolls qui formaient un cercle autour d'eux.

Ils hochèrent tous la tête d'un air solennel, même Pouillane souriait avec fierté.

– Nous le leur dirons que les trolls ont enfin un chef et que ce chef est un troll.

Rollo pencha la tête d'un air penaud. Les acclamations fusèrent. Était-ce lui qu'on acclamait ainsi ? Oui, c'était lui. *J'ai besoin d'un plan*, se dit Rollo. *Un bon plan.*

CHAPITRE VINGT

RÈGLEMENT DE COMPTE

– Hé ! Attention ! Regardez ! cria Nabo en sautillant comme si sa culotte était en feu.

Une dizaine de goules se marchaient sur les pieds en essayant de lancer des lassos à Vieux Rot. Le crapaud géant filait un mauvais coton ; il risquait de bondir hors de l'enclos. Personne ne comprenait ce qui lui arrivait.

Il n'y a pas un seul ogre dans les environs ! pensa Nabo, chagriné. *Et où donc est passée la seule personne qui peut maîtriser cette bête ? Où est Styxus Rex ?*

Les trolls auraient pu lui donner un coup de main, mais ils étaient tous terrés au fond de leurs baraques. C'était une belle journée ensoleillée ; il aurait dû être sous la terre en train de dormir. Et au lieu de ça, voilà qu'il essayait de déplacer ce gros amphibien dix fois plus grand que lui.

– Brapp ! coassa la bête, en soufflant sur le chapeau de Nabo avec son haleine putride.

Le gnome tituba, mais réussit à rester debout.

– Tiens-toi tranquille, espèce de gros sac à verrues ! cria le gnome, fâché. Ou alors nous donnerons les beaux asticots tout frais aux trolls et pas à toi !

Sans prévenir, le crapaud géant fit un petit saut dans son enclos, écrabouillant trois goules. Les autres se mirent à courir en poussant des hurlements de terreur et en lançant les cordes dans les airs. Nabo dut s'écarter du chemin avant que le crapaud ne fasse un bond dans sa direction.

Le sol trembla lorsque Vieux Rot sauta une autre fois. Il aplatit deux tentes. Cette fois-ci, personne n'essaya de retenir le crapaud qui bondissait vers la rivière Glacia. Nabo courut derrière lui, juste pour voir ce que le monstre allait faire. D'un saut puissant, le gros crapaud franchit la rivière et disparut dans la brume.

Nabo passa quelques minutes à faire les cent pas en pestant contre lui-même. Comment allait-il dire à Styxus Rex qu'ils avaient perdu Vieux Rot ? Bien sûr, peut-être que Styxus Rex n'allait pas revenir. Ni le général Bavant. Si c'était le cas, il n'y aurait rien à expliquer, parce que Nabo serait le chef de cette bande de voyous.

Lorsque je serai le chef, je passerai des journées entières à dormir sous la terre, décida Nabo.

Après avoir pris cette décision, le gnome se sentit mieux. Il bondit sur ses pieds et s'avança vers un groupe de goules qui l'avaient suivi jusqu'à la rivière.

– Vous les goules, retournez à vos postes ! Ne laissez plus aucun troll s'échapper, sinon vous aurez affaire à moi !

Les goules, un peu ébahies de recevoir de tels ordres, se dispersèrent en se cognant les unes contre les autres. Nabo s'assit sur la rive brumeuse de la rivière Glacia et réfléchit à l'étrange tournure des événements. Il était le chef de Crachoutos et peut-être pour longtemps.

Nabo avait de la difficulté à se faire à l'idée qu'il pouvait être le chef. Et il avait aussi de la difficulté à imaginer un autre chef à la place de Styxus Rex. De mémoire de gnome, Crachoutos avait toujours été gouverné par un sorcier, ou une bande de sorciers. Le petit gnome ratatiné était bouleversé par toutes ces idées, mais il devait réfléchir à tout ça.

Qui gouvernera Crachoutos si Styxus Rex ne revient pas ?

Même si le général Bavant revenait, cela laisserait la place vide. Il était difficile d'imaginer que le pays tout entier serait dirigé par un mort. Les ogres essaieraient peut-être de prendre cette place, et ils avaient les muscles et les armes nécessaires pour y parvenir. Peut-être était-ce une bonne affaire qu'ils soient tous au loin pour un bout de temps.

Nabo savait qu'il devait se préparer à toute éventualité. Il n'avait pas à s'emparer du pouvoir, il l'avait déjà. La question était de savoir comment le garder ?

Je dois gagner leur confiance en prenant de sages décisions.

Nabo fronça les sourcils, cela semblait une tâche difficile à réaliser. Mieux encore, il fallait embaucher quelqu'un qui sache terroriser les sujets afin qu'ils lui obéissent ! Il jouerait à l'arrière-plan et tirerait toutes les ficelles. Oui, ça, c'était un bon plan ! Restait à savoir qui paierait la note ? Le gnome trapu était assis sur le bord de la rivière, jonglant avec ses pensées. Les goules faisaient peur mais aucune d'entre elles n'avait le sinistre charisme du général Bavant. Le meilleur candidat était le capitaine Masticor. Lui au moins, il savait maintenir les ogres dans les rangs.

Mais alors, pourquoi Masticor aurait-il besoin de moi ? s'interrogeait Nabo.

Il devenait de plus en plus confus. Le gnome fit ce qu'il faisait toujours en pareille occasion : il se glissa dans son terrier et s'endormit.

***

– Maître Nabo ! Maître Nabo ! cria une voix étouffée, le tirant de son sommeil paisible.

– Quoi ? Qu'y a-t-il ? Je croyais avoir laissé un mot disant de ne pas me déranger !

Le gnome ouvrit les yeux prudemment, craignant de voir l'horrible lumière du soleil. Mais devant lui il n'y avait qu'une simple goule tenant une simple lanterne. Elle s'appelait Spectre.

– Les trolls ! dit Spectre. Il y a des milliers de trolls massés devant la barrière !

Nabo s'assit et se frotta les yeux.

– Que veulent-ils ?

– Ils veulent faire partie de l'équipe de travailleurs, répondit la goule. Ils disent qu'il n'y a plus de nourriture dans le marais, et pas de travail non plus, et que la seule façon d'avoir à manger, c'est de construire le pont.

Le gnome coiffa son petit chapeau vert pointu et bondit hors de son terrier.

– Il nous a fallu une semaine pour les sortir de leur taudis boueux et maintenant ils réclament du travail ? Les trolls ont l'esprit volage !

– Et puis, il n'y a pas de pont, pas vrai ? demanda Spectre.

– Est-ce que tu vois un pont ?

Nabo dépassa la goule et gravit le terrier vers la sortie. Il n'aperçut aucune lumière en sortant dans l'air humide et frais, ce qui lui convenait très bien.

– Ahh, la nuit ! dit le gnome en poussant un soupir de soulagement. Tout ce soleil est mauvais pour mon teint.

Il frotta sa plus belle verrue poilue pour s'assurer qu'elle était toujours là.

Spectre le suivit dehors.

– Ils sont à la porte de la palissade, monsieur.

– Je ne vais pas les affronter tout seul. Va chercher les autres goules, ordonna Nabo.

– Mais, maître, elles surveillent nos trolls, à la cuisine.

– Les trolls ne s'enfuiront pas s'il y a de la nourriture. Va me chercher un régiment de goules !

– Oui, maître.

Spectre s'inclina d'un air obséquieux avant de disparaître.

Pendant ce temps, Nabo fit le tour du camp plongé dans le noir. Le camp semblait désert sans la présence des ogres. Le gnome vit des rangées de tentes et des torches enflammées disposées le long de la palissade. Le mur n'était pas très haut ; les perches en bois ne résisteraient pas à l'assaut de milliers de trolls.

Il n'en revenait pas de sa bêtise ; il avait laissé le capitaine Masticor partir avec tous les ogres. Leurs trolls passaient toute la journée assis sans rien faire d'autre que manger. Personne n'avait peur d'eux. Et voilà qu'une bande de trolls mécontents venaient faire du chahut ! Tout ça parce qu'ils voulaient de la bouffe ! Et qu'advenait-il de l'art de dénicher des larves ?

De la bouffe, pensait Nabo en triturant son gros nez, *c'est tout ce qu'ils veulent au fond.* Nabo sourit de toutes ses dents, parce qu'il avait un plan pour se débarrasser de ces trolls affamés. *Donne-leur à manger !* Dans quelques jours, il renverrait les trolls chez eux et tout rentrerait dans l'ordre.

Sauf que c'est moi qui gouvernerai, se dit Nabo.

Il entendit des pas et se retourna. Spectre revenait avec une vingtaine de goules. Ensemble elles formaient un tableau sinistre et impressionnant. Elles suffiraient à faire fuir une poignée de trolls mécontents.

– Suivez-moi ! ordonna Nabo en se dirigeant vers la porte principale.

Ils s'approchèrent de la grille de fer, et la figure du gnome s'illumina. Ce n'était qu'une foule de petits enfants à l'allure pathétique et de petits vieux en loques et affamés. Il est vrai qu'ils semblaient être venus en grand nombre, car la foule s'étendait à perte de vue dans l'obscurité. Mais une bande de trolls affamés ne constituait pas une menace.

– Écoutez, dit Nabo d'un air magnanime, par ordre de Styxus Rex, qui se repose en ce moment, j'ai reçu le message de vous donner à manger !

Cette déclaration souleva la foule de joie et Nabo se sentit déjà comme un chef bien-aimé.

– Ouvrez la porte !

La goule qui manœuvrait la poulie regarda Nabo d'un air désapprobateur, mais elle obéit et leva la barrière. Dès que la grille s'éleva, les trolls se déversèrent à l'intérieur de la palissade ; c'était une vraie corrida. Nabo dut battre en retraite et se faire protéger par les goules. Avant qu'il n'ait le temps de sourciller, les trolls jetèrent des filets sur les goules amorphes. Les soldats morts vivants trébuchèrent et tombèrent avant de pouvoir tirer leurs épées. Derrière eux, une seconde vague de trolls armés de pierres et de planches déferla. En très peu de temps, ils réduisirent les goules en tout petits morceaux.

Nabo était content d'être court sur pattes. Cela lui permettait de se faufiler entre les jambes et entre les mailles des filets et d'échapper au massacre. Il prit la poudre d'escampette vers son terrier. Une étrange créature volante se dressa soudain devant lui. Elle était aussi grosse qu'un troll. C'était un troll !

– Halte-là ! cria une toute petite voix.

Nabo s'aperçut alors qu'il y avait une autre créature perchée sur l'épaule de la première.

Cette créature était même plus petite qu'un gnome, agile et élégante, pâle et chatoyante, du jamais vu à Crachoutos.

Nabo était mort de peur et il voulut déguerpir, mais un filet s'abattit sur lui. Le gnome roula sur le sol et fut agrippé par Rollo qui atterrissait au même moment. *Bien sûr, c'est Rollo,* se dit Nabo. *Je connais combien de trolls qui volent ?*

Rollo souleva le filet pour examiner le gnome qui se débattait. Nabo aperçut l'étrange feu follet dansant sur son épaule. Certes, c'était bien un de ces vilains démons de Bois-Joli !

– Comment oses-tu ? Espèce d'ingrat ! lança le gnome en tentant de garder un air autoritaire. Après tout ce que nous avons fait pour toi, Rollo, voilà comment tu nous remercies ? Rappelle tes brutes ! Cesse d'écraser mes goules !

– Qu'est-ce que c'est que cette créature ? demanda le petit feu follet sur l'épaule du troll.

– C'est un gnome, répondit Rollo. Nous ne les voyons pas souvent mais, celui-ci, nous ne l'avons que trop vu.

– Dois-tu le découper en petits morceaux comme ils le font avec les goules ?

Des bruits de scie et de coups résonnaient de partout.

– Je ne crois pas, dit Rollo, d'un air pensif. Peut-être que oui.

– À l'aide ! Au secours ! s'écria Nabo, en se tortillant comme un ver.

– Ou peut-être que non, ajouta Rollo. Nous hachons les goules en petits morceaux pour empêcher leurs corps de se rassembler, et encore, c'est leur accorder une faveur.

– Elles sont déjà mortes, précisa Chipie, en grimaçant de dégoût. Que vas-tu faire avec ce gnome ?

Rollo tira un couteau noir et le tint devant les yeux du gnome.

– Styxus Rex n'est pas ici, n'est-ce pas ?

Le gnome serra les lèvres et Rollo approcha la lame plus près.

– Si tu crois qu'ils vont te sauver, sache qu'ils ne le feront pas. Regarde ce couteau à têtes de serpents. Il appartenait au général Bavant qui a pu me retrouver grâce à lui. Mais maintenant la goule est morte. En fait, toutes les goules sont mortes, les ogres sont partis et le seul sorcier des environs a disparu. Alors je te suggère de collaborer avec nous.

Rollo désigna la délicate créature sur son épaule.

– Et voici une fée. Elle s'appelle Chipie. Tu vois, je suis allé faire un tour de l'autre côté du Gouffre et j'en suis revenu, contrairement à Styxus Rex. Elle n'est pas aussi dangereuse qu'on nous le dit, mais il est vrai qu'elle est un peu magicienne. Chipie, daignerais-tu transformer ce gnome en tas de fumier ?

La fée se mit à réfléchir.

– Quelle sorte de fumier ? En fumier de furet, en fumier de wombat ou en fumier de chameau ?

– Non ! Non ! Nous devrions discuter ! s'exclama le gnome, en feignant la peur alors que, en réalité, il se creusait les méninges pour se sortir du pétrin. Montrez-moi ce couteau.

Rollo le tira de sa ceinture et le gnome hocha la tête.

– Oui, je le reconnais, c'est le couteau de Bavant. Connais-tu son pouvoir ?

– Quel pouvoir ? fit Rollo.

Le gnome était au supplice.

– Laisse-moi partir et je te le dirai.

– Tu sembles oublier qui est le chef ici, dit Rollo. Je ne veux pas te faire de mal, parce que tu as été gentil avec moi… du moins, je le pense. Mais les trolls en ont assez de se faire molester. Dis-moi la vérité, as-tu des nouvelles de Styxus Rex ?

– Non, avoua Nabo.

Alors qu'il fixait le gros troll, une idée germait dans son esprit. Voilà la grosse chose musclée dont il avait besoin pour édifier le nouveau régime. Et Rollo disposait de milliers de trolls prêts à le suivre. Remplacer les ogres par des trolls, ça, c'était une bonne idée.

– Je me demandais que faire, déclara Nabo, si le maître et le général ont vraiment disparu. Nous nourrissons les travailleurs et ils sont contents. J'allais donner à manger à tout le monde quand vous m'êtes tombés dessus comme des vipères. Bien joué, Rollo ! Tu as un grand avenir devant toi en politique. Quant à moi, je ne vois pas de problèmes à travailler avec vous, les trolls.

– Rollo ! cria une voix.

Le nom du troll était sur toutes les lèvres. Le troll volant fut aussitôt entouré par les nouveaux venus. Ils arrivaient du camp et certains avaient encore de la nourriture dans les mains. Ils lui donnaient des tapes dans le dos et tout le monde parlait en même temps. Parmi eux se trouvaient ses camarades de camp et son père, Sancou. C'étaient des superbes retrouvailles.

– Mon fils, je ne peux pas croire que tu es ici ! beugla le père de Rollo en sanglotant dans ses bras. J'ai entendu dire des choses incroyables à ton sujet. Ces histoires ne tiennent pas debout !

Tous firent la connaissance de la fée et comprirent que ces histoires étaient vraies. Dans tout ce brouhaha, Nabo espérait changer de place, mais Rollo tenait fermement le gnome ficelé dans le filet contre sa poitrine.

Le jeune troll fit un résumé de ses aventures et même Nabo fut impressionné par son courage. Rollo termina en disant :

– Maintenant, nous devons emballer nos affaires et ramener les victuailles à la maison. Vite, avant que les ogres ne reviennent.

– Attends une minute ! lança un troll qui arrivait clopin-clopant. C'est moi ! Ton vieil ami Bedono ! Pourquoi devrions-nous partir ? Nous n'avons jamais été aussi bien qu'ici.

Des murmures d'approbation s'élevèrent et Nabo reçut encore des coups de coude.

– Parce que nos familles sont à la maison en train de mourir de faim ! répondit Rollo. Et parce que la nourriture va se gâter, et parce que nous ne construirons pas le pont, et parce que tout est bien qui finit bien. Le règne de Styxus Rex est terminé.

Soudain le sol trembla comme si quelque chose d'énorme était tombé sur la terre. Braap ! L'air explosa sous l'effet du plus gros et du plus puant des rots jamais entendus par les trolls. Le vent fit basculer Rollo sur ses talons.

– Je ne suis pas certain que tout soit terminé, dit Nabo en ricanant.

CHAPITRE VINGT-ET-UN

POUR LE MALHEUR DE CRACHOUTOS

Rollo pivota sur lui-même et vit le crapaud géant sauter par-dessus la palissade et atterrir dans la clairière. Les trolls s'éparpillèrent devant Vieux Rot et leur peur s'accrut en regardant le monstre. À califourchon sur le dos du crapaud se dressait l'ombre voûtée de Styxus Rex, tenant une lanterne à la main.

Le gnome qui se tortillait dans ses bras n'était plus important et Rollo le laissa tomber sur le sol. Le troll décampa. Chipie se tenait fermement à sa fourrure. Rollo cherchait ses amis et sa famille, mais Bedono, Kronck, Pouillane et Sancou n'étaient nulle part. Les trolls s'étaient évanouis comme par enchantement dans l'obscurité, un truc qu'ils savaient faire depuis des siècles.

Rollo était le seul qui ne pouvait s'échapper. C'était parce qu'il avait une fée sur son épaule et que sa présence lui donnait du courage.

Styxus Rex bouillait de rage.

– Oh, stupide petit troll, tu as été très vilain ! Tu as tué mes goules, moi qui ai eu tant de mal à les dresser. Gare à toi quand le général Bavant reviendra.

– Lui aussi ! répondit Rollo d'une voix faible. Je l'ai tué, lui aussi.

– Je t'ai sous-estimé, siffla le sorcier, en abaissant son regard voilé sur Rollo. Je ne le ferai plus. Au moins tu as sauvé ma fée, mais ça n'a plus d'importance. J'ai assez d'informations pour envahir Bois-Joli, sans m'embarrasser d'un pont ou d'une fée. Je n'ai plus besoin de vous.

C'est alors que Rollo comprit que le mage ne tenait pas une lanterne : il tenait une boule de feu !

Il se jeta par terre juste au moment où la boule de feu rasait le sol et frôlait son dos. Elle se fracassa contre des baraques vides et explosa en faisant jaillir une pluie d'étincelles. Styxus Rex était plus adroit sur un terrain dégagé et Rollo constata que la fée et lui-même se trouvaient à découvert.

Rassemblant toute sa volonté, le troll s'imagina en train de monter dans les airs. Il sentait les ongles de Chipie s'enfoncer dans sa peau. Rollo s'éleva au moment même où une autre boule de feu passait sous ses pieds. Elle rasa une rangée de tentes qui s'embrasèrent aussitôt. Durant son ascension, Rollo regardait en bas. C'était tout un chahut là-dessous ; le troupeau de trolls fuyait l'incendie. Certains d'entre eux se précipitaient vers la rive, espérant se sauver dans l'eau glacée. Sur son crapaud géant, Styxus Rex scrutait le ciel à la recherche de son ennemi.

Voltigeant au-dessus de la fumée, Rollo était hors d'atteinte. Il pouvait s'enfuir en volant, mais les trolls seraient à la merci de Styxus Rex encore une fois. Si les ogres revenaient et trouvaient le sorcier en vie, ils se soumettraient à lui. La rébellion des trolls se terminerait là.

Obéissant à l'ordre de Styxus Rex, Vieux Rot fit un bond et atterrit juste en dessous de Rollo. Immédiatement une boule de feu fendit l'air et passa sous le nez du troll en faisant fuser des étincelles. Tout en tapotant sa fourrure, Rollo tenta de voler plus haut, mais il était dans la mire de Styxus Rex. Une autre boule de feu le frôla, l'air était torride et il avait de la peine à respirer.

À bout de souffle, Rollo tourna la tête vers Chipie.

– Comment nous défendre contre lui ? lui demanda-t-il d'une voix rauque.

– Le crapaud ! répondit-elle. Approche-toi de lui et je le ferai bondir.

Rollo descendit à travers la fumée, les yeux fixés sur le crapaud. Le crapaud géant avait le regard vitreux et se tenait immobile comme un rocher moucheté. *Il est ensorcelé,* pensa Rollo. *Le sorcier jette des sorts à profusion, alors il s'affaiblit. Voilà pourquoi il ne peut pas se déplacer.*

– Rapproche-toi ! cria Chipie à son oreille.

Rollo fonça vers le crapaud et son cavalier, ignorant ce que voulait faire la fée.

Styxus Rex leva la main et lança une autre boule de feu. Elle fondait sur Rollo à toute vitesse. Le troll s'inclina sur le côté, et la flamme passa en rugissant, en crépitant et en lançant des jets de feu.

– Continue ! hurla Chipie. Vole au-dessus du crapaud !

Rollo fonça sur l'énorme cible, entraîné par l'effet de la gravité. En frôlant le crapaud, il sentit quelque chose glisser de son épaule. Rollo laissa échapper un cri. Chipie tourbillonnait à travers la fumée et tentait de se redresser en battant de l'aile. Il voulut plonger à sa rescousse mais Styxus Rex l'aperçut et leva son arme vers lui.

Une boule de feu dépassa Rollo, et il bascula en effectuant plusieurs boucles. En se concentrant de toutes ses forces, le troll réussit à se maintenir dans les airs. Il essayait de tourner et de revenir chercher Chipie lorsqu'un hurlement déchira la nuit.

Rollo se retourna et vit Vieux Rot bondir comme une balle, portant le sorcier qui s'agrippait de son mieux à son dos. Le crapaud sauta si haut qu'il dépassa Rollo, le ratant de quelques mètres. Le troll crut apercevoir Chipie ligotée sur la selle du crapaud. Il voyait quelque chose qui ressemblait à un petit être menu et blanc.

Vieux Rot plana au-dessus de la tête de Rollo et retomba dans la rivière bouillonnante, le sorcier toujours sur son dos. Rollo se débattit péniblement ; il était évident que le crapaud ne resterait pas longtemps sur la rive. Le crapaud géant s'écrasa dans l'eau en éclaboussant tout ce qui l'entourait, heurta le fond et rebondit aussitôt.

Styxus Rex sauta de sa monture et s'éleva doucement dans les airs. Rollo se rapprochait du sorcier et il vit Chipie collée contre le visage de Styxus. Elle lui donnait des petits coups de pied. Tous deux étaient trempés et grelottaient de froid. La tête du sorcier s'agitait de haut en bas, secouée par une crise d'éternuements.

En gagnant de la vitesse, Rollo heurta le sorcier. Ils roulèrent dans les airs comme des feuilles dans une tempête, puis plongèrent vers les rapides. Rollo essaya d'attraper Chipie. Fou de rage, le sorcier arracha la fée de son visage et la lança dans l'obscurité.

– Tu vas mourir ! hurla-t-il, en nouant ses doigts osseux autour du cou du troll.

Ils s'écroulèrent dans les remous glacials et Rollo eut le souffle coupé par le froid. Néanmoins il parvint à saisir Styxus Rex et à le garder sous sa poigne solide. Ils se débattaient sous l'eau et Rollo sentit que la vieille créature perdait de la force. Puis ils se fracassèrent contre un roc immergé dans l'eau, et le courant emporta le mage.

Rollo sentit une douleur vive parcourir son côté gauche. Il pouvait à peine remuer les bras et se retenir au rocher. Les yeux embués de larmes, il tentait en vain d'apercevoir Chipie à travers l'eau tumultueuse. Le courant l'emporta et Rollo déboula au milieu des rapides. Transi de douleur et de froid, le jeune troll perdit le souffle ; il était certain qu'il allait se noyer.

Alors qu'il allait couler, il fut repêché par des bras solides. À la surface, Rollo agita les bras. Ses sauveteurs durent lutter contre lui et contre le courant pour l'enlacer avec une corde. Avec étonnement, Rollo réalisa qu'il s'agissait du câble de sécurité qui avait été tendu au-dessus de la rivière quelques jours auparavant.

À travers ses larmes et les gouttes d'eau, Rollo put distinguer le visage heureux de sa sœur, et celui, plein de frayeur, de son ami Bedono. Tous les trois étaient trempés et épuisés, mais ils étaient en vie et s'agrippaient péniblement au câble de sécurité.

– Est-ce que ça va ? demanda Pouillane avec inquiétude, obligée de crier par-dessus le tumulte de l'eau.

– Non ! gémit Rollo. Où est Chipie ? Est-ce que tu l'as vue ?

– Est-elle dans les environs ? fit Pouillane d'un air ahuri.

Elle secoua sa tête embroussaillée en faisant voler des perles d'eau.

– Nous avons eu de la chance de te retrouver. Heureusement, Bedono a pensé au câble.

– Je dois être devenu fou ! s'exclama Bedono avec un rire terrifié. Je n'aurais risqué ma vie pour personne d'autre que toi !

– Nous devons retrouver Chipie ! geignit le jeune troll, en se débattant pour retourner à l'eau.

– Non ! Non ! cria Pouillane. Nous ne t'avons pas sauvé pour que tu risques de nouveau la noyade ! Je ne sais pas où se trouve la fée, mais, toi, tu dois vivre ! Près de dix mille trolls t'attendent sur la rive.

Pouillane entreprit de tirer sur la corde pour le hisser.

– Et Styxus Rex ? demanda Rollo, en contemplant les rapides d'un air interrogateur.

– Je crois que je l'ai vu se faire emporter par le courant, répondit Bedono en claquant des dents. Allons, viens, il faut que nous sortions d'ici !

Ils avaient raison : il ne servait à rien de s'accabler de chagrin ou de reproches, cela ne ramènerait pas Chipie. Ravalant ses pleurs et son chagrin, Rollo se hissa lui-même le long de la corde.

– Chipie ! hurla-t-il une dernière fois. Chipie !

– Nous marcherons le long de la rivière et nous la chercherons, déclara Pouillane. Mais sortons d'ici, comme nous l'avons dit.

– Tu les as battus, Rollo ! cria Bedono, en donnant une tape sur son épaule douloureuse. Tu les as tous battus !

Rollo grimaça de douleur et grogna faiblement. Il n'avait pas l'impression d'avoir gagné, il avait l'impression d'avoir perdu.

CHAPITRE VINGT-DEUX

OBJETS PERDUS

Rollo était assis sur le sommet de la butte où habitait sa famille. La bouche grande ouverte, il observait les files de trolls qui circulaient sur tous les ponts, provenant de toutes les directions. C'était le matin et il put voir enfin qu'ils l'attendaient en grand nombre. Ils étaient debout à l'attendre patiemment, le regard fixé sur le jeune troll, et ils lui souriaient.

Ils étaient venus à la rencontre du héros qui avait terrassé Styxus Rex et le général Bavant. Ils voulaient lui serrer la main et toucher son pelage. Rollo les avait amenés à se révolter contre les sinistres goules, dont les restes étaient éparpillés dans tout Crachoutos. Il avait libéré tous les prisonniers du camp de travail et ramené des tonnes de nourriture. Il avait même conclu la paix avec les ogres.

Il n'y avait rien à son épreuve, ou presque. Il était leur héros, leur nouveau chef. Il ne désirait qu'une chose et il ne pouvait l'obtenir : ramener Chipie à la vie.

Ses assistants, Pouillane, Kronck et Bedono, durent le pousser et le présenter à la foule d'admirateurs. Il y avait tant de monde à voir ; il ne pouvait accorder que quelques secondes à chacun d'eux. Rollo était inquiet ; il n'en finissait plus d'être félicité et d'entendre sans cesse les mêmes choses, mais il ne voulait décevoir personne. Les trolls avaient attendu longtemps avant d'être enfin libres.

Ils n'avaient jamais eu un chef qui était un des leurs, quelqu'un qu'ils pouvaient croiser et saluer. Rollo s'efforçait d'être comme ils le désiraient et de répondre à leurs besoins, mais il craignait de ne pas être à la hauteur.

– Merci, répéta-t-il pour la trois centième fois. Oui, je vous ai vus combattre les goules, et nous avions vraiment besoin de votre aide. Continuez à travailler pour le bien de Trollville.

– Par ici, dit Bedono, en le présentant à un autre bienheureux sujet.

Les yeux de Rollo contemplèrent les centaines de gens qui l'attendaient encore. Soudain un visage surgit parmi la foule, un visage terriblement hideux !

– Ridicula ! s'exclama Rollo en bondissant sur ses pieds.

Il se fraya un chemin dans la foule pour rejoindre sa bien-aimée. Lorsqu'il la retrouva, il voulut la prendre dans ses bras, mais ce n'était pas digne d'un nouveau chef. Il ne pouvait embrasser ses sujets.

– Ridicula? Où étais-tu passée? demanda-t-il d'un air stupide.

– Je me cachais. Mon père nous a fai fuir du village.

Elle baissa les yeux et battit des cils.

– Ils disent que tu es le nouveau chef des trolls… et peut-être même de tout Crachoutos. Le roi Troll.

Rollo roula des yeux.

– Je ne sais pas s'il est juste de dire que je suis un roi. Je ne suis qu'un troll qui a fait ce qui devait être fait.

– De toute façon, dit Ridicula tendrement, je sais que je n'ai pas toujours été aimable avec toi, mais tout ça a changé. Même mes parents t'aiment maintenant.

– Vraiment? demanda Rollo.

Soudain ses sentiments s'évanouissaient à l'endroit de Ridicula.

– Ils pensent que nous devrions commencer à songer à l'avenir, ajouta Ridicula. Tu sais, si jamais tu as besoin d'une reine.

– Je ne suis pas encore le maître, répondit Rollo.

Au loin, un groupe s'agitait sur le pont, et il vit quelqu'un qui cherchait à se faufiler parmi les trolls. En regardant de plus près, il vit qu'il s'agissait d'une bande d'ogres que l'un d'eux transportait un petit objet.

– Laissez-les passer ! cria Rollo en agitant les bras. Laissez passer les ogres !

La foule se s'écarta et les ogres purent s'approcher. Rollo vit que le capitaine Masticor était à leur tête. Derrière lui se trouvait la lieutenante Verna, qui transportait Nabo, le gnome, sur ses épaules.

– Qu'est-ce qui se passe ici ? lança Masticor en souriant de toutes ses dents. Ton couronnement ?

– Non, pas encore, marmonna Rollo. Qu'est-ce qui vous amène au Morne Marais, mon capitaine ?

– Ceci.

Le gros ogre lui tendit une petite boîte d'environ vingt centimètres de long et le cœur de Rollo bondit dans sa poitrine. Il devinait ce qu'il y avait dans la boîte. Rollo poussa Ridicula et se dirigea vers eux.

– Avez-vous trouvé Chipie ? demanda-t-il.

– Oui ! répondit Nabo avec empressement. Nous l'avons trouvée... nous, les gnomes et les ogres. Je leur ai demandé d'aller à sa recherche !

– Nous avons aussi cherché Styxus Rex, dit Masticor d'un air renfrogné. Nous n'avons jamais retrouvé sa trace. Quant à la fée, eh bien, voilà… ceci est pour toi.

Il lui remit une petite boîte rectangulaire.

Les doigts fébriles, le menton tremblant, Rollo prit la boîte entre les mains de l'ogre. La foule de trolls se pressait autour d'eux. Même ceux qui n'avaient jamais vu la fée avaient entendu toutes les histoires à son sujet.

Rollo sentit la douceur soyeuse d'une fourrure qui le frôlait et il se retourna. Vulgalia, Sancou et Pouillane s'étaient rapprochés. Leurs visages ternes exprimaient la tristesse : ils avaient du chagrin pour Rollo et Chipie. Vulgalia serra Rollo dans ses bras, ce qui raviva la douleur de son épaule.

Il voulut ouvrir la boîte mais Verna leva la main pour l'en empêcher.

– Ne l'ouvre pas, lui dit-elle.

– Pourquoi ? Chipie est dedans, n'est-ce pas ?

– Oui, répondit Verna. Mais la boîte est en bois de rose, et ce bois a des propriétés pour préserver le corps.

– Pourquoi avons-nous besoin de ça ? demanda Rollo. Elle est morte, n'est-ce pas ?

– Oui, mais nous l'avons trouvée dans l'eau extrêmement froide, ce qui a préservé son corps.

Verna leva les yeux vers le gnome qui était assis sur son épaule.

– Peut-être devrais-tu lui dire.

– Oui ! Oui ! dit le gnome avec empressement. C'était mon idée, Rollo, pour préserver son corps. As-tu toujours le couteau du général Bavant ?

– Oui. Pourquoi ? répondit Rollo d'un air troublé.

Il toucha la poignée de son couteau glissé dans sa ceinture. À plusieurs reprises, il avait voulu jeter l'arme, renonçant chaque fois à le faire. L'étrange couteau lui avait sauvé la vie lors du combat contre le général Bavant, même si le couteau avait permis à la goule de le retrouver.

– Je t'ai dit que ce couteau était spécial, continua Nabo. C'est un outil que Styxus Rex utilisait pour ranimer les morts et en faire des goules. Il l'a utilisé pour faire le général Bavant et c'est pourquoi la goule savait toujours où se trouvait le couteau.

Rollo tira la lame serpentine et l'examina.

– Veux-tu dire que je pourrais la ranimer grâce à ceci ? Comment ?

Le gnome secoua la tête.

– Ça, je ne le sais pas. Personne d'entre nous n'est sorcier. J'ai seulement pensé qu'il valait mieux que tu le saches… Il y a une chance de la sauver, si tu peux trouver un maître de la magie.

– Les autres fées, dit Rollo avec une lueur d'espoir illuminant son visage mou.

Il se tourna vers ses parents et les embrassa. Ses lèvres tremblaient ; il pouvait à peine parler.

– Maman… Papa…

Sa sœur s'en mêla.

– Tu retournes au Gouffre, n'est-ce pas ?

Rollo hocha la tête. Sa mère éclata en sanglots et il la serra dans ses bras de nouveau.

– Je reviendrai, c'est certain… même si je dois voler tout le long du chemin.

– Et ces milliers de gens ? demanda Bedono. Et ton couronnement ?

– Cela devra attendre, répondit Rollo, en serrant la boîte contre sa poitrine et en se dirigeant vers le pont le plus proche.

– Père, tu seras le chef jusqu'à mon retour. Faites ce… Toi et Nabo, vous dirigerez en mon absence. Le gnome sait lire et écrire et organiser, il t'aidera beaucoup.

– Je ne vous laisserai pas tomber ! lança Nabo, joyeusement.

– Les elfes et les fées vont te tuer à la première occasion, dit le capitaine Masticor.

– Je me débrouillerai avec eux.

Rollo glissa son couteau dans sa ceinture et vérifia le cran de sûreté.

– Et notre mariage ? hurla Ridicula en brandissant le poing.

Rollo lui envoya un salut, se hâtant et se frayant un chemin jusqu'au prochain pont. Même s'il ne pouvait pas ouvrir la boîte pour voir Chipie, il savait qu'elle était dedans. Il sentait sa présence.

Les autres trolls regardèrent leur héros passer d'un air médusé. Rollo quittait Trollville. La plupart se demandaient s'ils le reverraient; les autres se demandaient s'ils verraient un autre troll volant. Quant à Rollo, il se demandait s'il allait revoir Styxus Rex.

Il éprouvait un sentiment de culpabilité, comme toujours, en agissant de la sorte mais il avait fait sa part pour les autres. C'était à leur tour de prendre la relève. Tout le monde se portait mieux à

depuis le départ de Styxus Rex et du général Bavant. Personne ne pleurait leur disparition.

Lui, il pleurait celle de Chipie et regrettait le mal qu'ils avaient fait à Bois-Joli. Avant cette mésaventure, le Gouffre séparait des étrangers; maintenant, il séparait des ennemis.

Je dois boucler la boucle, pensa Rollo.

En gravissant une butte boueuse et en franchissant un pont branlant, le troll serra la boîte contre sa poitrine.

– Je t'ai promis que je te ramènerais chez toi, chuchota-t-il, et je vais tenir ma promesse.

Transcontinental
IMPRESSION
IMPRIMERIE GAGNÉ

IMPRIMÉ AU CANADA